プリント形式のリアル過去問で本番の臨場感！

新潟県
市立

高志中等教育学校

2025年春 受験用

解答集

本書は，実物をなるべくそのままに，プリント形式で年度ごとに収録しています。
問題用紙を教科別に分けて使うことができるので，本番さながらの演習ができます。

■ 収録内容

・解答集（この冊子です）

　　書籍ＩＤ番号，この問題集の使い方，最新年度実物データ，リアル過去問の活用，
　　解答例と解説，ご使用にあたってのお願い・ご注意，お問い合わせ

・2024(令和６)年度 ～ 2020(令和２)年度　学力検査問題

JN132620

資料の非掲載につきまして

　著作権上の都合により，本書に収録して
いる過去入試問題の資料の一部を掲載して
おりません。ご不便をおかけし，誠に申し
訳ございません。

○は収録あり	年度	'24	'23	'22	'21	'20
■ 問題(適性検査1・2)		○	○	○	○	○
■ 解答用紙		○	○	○	○	○
■ 配点						

全分野に解説
があります

注)問題文等非掲載:2024年度適性検査1の2の資料,2023年度適性検査
1の2の資料,2021年度適性検査2の資料,2020年度適性検査1の2の
資料

教英出版

■ 書籍ID番号

入試に役立つダウンロード付録や学校情報などを随時更新して掲載しています。
教英出版ウェブサイトの「ご購入者様のページ」画面で，書籍ID番号を入力してご利用ください。

書籍ID番号 **102215**

（有効期限：2025年9月30日まで）

【入試に役立つダウンロード付録】
「要点のまとめ(国語／算数)」
「課題作文演習」ほか

■ この問題集の使い方

年度ごとにプリント形式で収録しています。針を外して教科ごとに分けて使用します。①片側，②中央のどちらかでとじてありますので，下図を参考に，問題用紙と解答用紙に分けて準備をしましょう（解答用紙がない場合もあります）。

針を外すときは，けがをしないように十分注意してください。また，針を外すと紛失しやすくなりますので気をつけましょう。

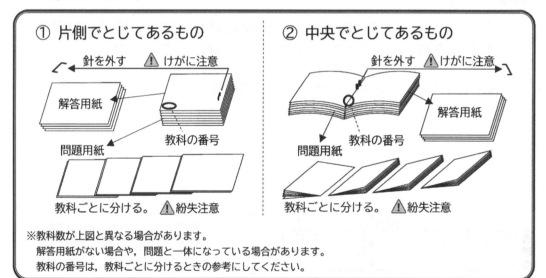

※教科数が上図と異なる場合があります。
　解答用紙がない場合や，問題と一体になっている場合があります。
　教科の番号は，教科ごとに分けるときの参考にしてください。

■ 最新年度 実物データ

実物をなるべくそのままに編集していますが，収録の都合上，実際の試験問題とは異なる場合があります。実物のサイズ，様式は右表で確認してください。

問題用紙	A4冊子(二つ折り)
解答用紙	B4片面プリント

リアル過去問の活用

~リアル過去問なら入試本番で力を発揮することができる~

✿ 本番を体験しよう！

問題用紙の形式（縦向き／横向き），問題の配置や余白など，実物に近い紙面構成なので本番の臨場感が味わえます。まずはパラパラとめくって眺めてみてください。「これが志望校の入試問題なんだ！」と思えば入試に向けて気持ちが高まることでしょう。

✿ 入試を知ろう！

同じ教科の過去数年分の問題紙面を並べて，見比べてみましょう。

- -

① 問題の量

毎年同じ大問数か，年によって違うのか，また全体の問題量はどのくらいか知っておきましょう。どのくらいのスピードで解けば時間内に終わるのか，大問ひとつにかけられる時間を計算してみましょう。

- -

② 出題分野

よく出題されている分野とそうでない分野を見つけましょう。同じような問題が過去にも出題されていることに気がつくはずです。

- -

③ 出題順序

得意な分野が毎年同じ大問番号で出題されていると分かれば，本番で取りこぼさないように先回りして解答することができるでしょう。

- -

④ 解答方法

記述式か選択式か（マークシートか），見ておきましょう。記述式なら，単位まで書く必要があるかどうか，文字数はどのくらいかなど，細かいところまでチェックしておきましょう。計算過程を書く必要があるかどうかも重要です。

- -

⑤ 問題の難易度

必ず正解したい基本問題，条件や指示の読み間違いといったケアレスミスに気をつけたい問題，後回しにしたほうがいい問題などをチェックしておきましょう。

✿ 問題を解こう！

志望校の入試傾向をつかんだら，問題を何度も解いていきましょう。ほかにも問題文の独特な言いまわしや，その学校独自の答え方を発見できることもあるでしょう。オリンピックや環境問題など，話題になった出来事を毎年出題する学校だと分かれば，日頃のニュースの見かたも変わってきます。

こうして志望校の入試傾向を知り対策を立てることこそが，過去問を解く最大の理由なのです。

✿ 実力を知ろう！

過去問を解くにあたって，得点はそれほど重要ではありません。大切なのは，<u>志望校の過去問演習を通して</u>，苦手な教科，苦手な分野を知ることです。苦手な教科，分野が分かったら，教科書や参考書に戻って重点的に学習する時間をつくりましょう。今の自分の実力を知れば，入試本番までの勉強の道すじが見えてきます。

✿ 試験に慣れよう！

入試では時間配分も重要です。本番で時間が足りなくなってあわてないように，リアル過去問で実戦演習をして，時間配分や出題パターンに慣れておきましょう。教科ごとに気持ちを切り替える練習もしておきましょう。

✿ 心を整えよう！

入試は誰でも緊張するものです。入試前日になったら，演習をやり尽くしたリアル過去問の表紙を眺めてみましょう。問題の内容を見る必要はもうありません。どんな形式だったかな？受験番号や氏名はどこに書くのかな？…ほんの少し見ておくだけでも，志望校の入試に向けて心の準備が整うことでしょう。

そして入試本番では，見慣れた問題紙面が緊張した心を落ち着かせてくれるはずです。

※まれに入試形式を変更する学校もありますが，条件はほかの受験生も同じです。心を整えてあせらずに問題に取りかかりましょう。

《解答例》

1　問1．A，C　　問2．教師がいない休憩時間もパズルを解き続けたので，報酬を与えられなかった大学生のグループのほうが，意欲的に取り組んだと言える。

　問3．〈作文のポイント〉

・最初に自分の主張、立場を明確に決め、その内容に沿って書いていく。

・わかりやすい表現を心がける。自信のない表現や漢字は使わない。

　さらにくわしい作文の書き方・作文例はこちら！→https://kyoei-syuppan.net/mobile/files/sakupo.html

2　問1．(ア)2050　(イ)減少　(ウ)家庭　(エ)運輸　(オ)電気・ガス・水道　　問2．北極・南極の氷の融解によって世界の海面水位が0．5～1メートル上昇するとの予測があり，新潟市は海抜0メートル地帯が多いため，多くの地域で水没する可能性がある。　　問3．活用した資料番号…2，6　地球温暖化の原因となる二酸化炭素は家庭からも排出され，排出源は電気・ガス・水道などで全体の32％を占めている。冷暖房の設定温度を見直したり，使っていない場所の電気をこまめに消したりすることが効果的である。また，自動車の使用も多くの二酸化炭素を排出するので，徒歩や自転車，公共交通機関を積極手に利用するのがよい。このように，生活の中で工夫していくことが，地球温暖化を止めることにつながる。

《解　説》

1　問1　10～12行目に「外的モチベーションとは簡単（かんたん）に言うと『もので釣（つ）る』ということです。例えば，何かをしたら『お金をあげる』とか，『褒（ほ）められる』とかです」とあるので，「褒められること」と「感謝されること」という報酬（ほうしゅう）を得ている，AとCが適する。Bは，「勉強すると楽しいこと」とあるので，「『楽しいから』とか『好きだから』という行為（こうい）そのものが報酬となる」「内的モチベーション」に当てはまる。

　問2　デシ教授は「実験の休憩時間（きゅうけい）に～パズルに取り組む生徒は意欲（いよく）が高い」と考え，実験を行った。すると，「報酬をもらっていた大学生は休憩時間になるとピタッとパズルを解くのをやめてしまった」が，「何も報酬がなかったほうの大学生は休み時間もパズルを解き続けた」。よって，「休み時間もパズルを解き続けた」という理由で，報酬を与（あた）えられなかった大学生のほうが意欲的に取り組んだと言える。

2　問1　(ア)2050　(イ)減少　(ウ)家庭　(エ)運輸　(オ)電気・ガス・水道　　(ア)ゼロカーボンシティについては，【資料2】に書かれている。(イ)【資料3】を見ると，新潟市の二酸化炭素排出量は，2013年をピークに，2017年を除いて減少し続けている。(ウ)(エ)【資料5】を見ると，新潟市は家庭部門で第2位，運輸部門で第1位である。

　問3　【資料2】を見ると，二酸化炭素は，「冷暖房など家電を使う」「自動車に乗る」「工場でものをつくる」「ごみを燃やす」などをすることで発生すると書かれている。

《解答例》

1 問1．0　　問2．暖かい空気は上へ動くので，エアコンから出た暖かい空気が下から上へ全体に広がるから。

問3．保冷コップと保冷ではないコップのそれぞれに計量カップではかった同じ量の冷たい飲み物を入れる。ストップウォッチで時間をはかり，1分ごとにそれぞれのコップに入った飲み物の温度を温度計ではかる。

2 問1．求め方…自宅からお祭り会場まで2400÷300＝8（分）かかった。よって，自宅を出発したのは，

午後2時50分－8分＝午後2時42分である。　　答え…午後2時42分

問2．すべてのお店の組み合わせ…（ア1回，ウ1回），（ア1回，エ1回），（ア1回，イ2回），（イ5回），

（イ3回，ウ1回），（イ3回，エ1回），（イ1回，ウ2回），（イ1回，エ2回），（イ1回，ウ1回，エ1回）

すべての組み合わせの数…9

問3．私は催し物Cがみんなに最も満足してもらえたと考える。それぞれの催し物について，合計人数に対する

「4：大変満足した」と「3：少し満足した」を合わせた人数の割合は，催し物Aが$\frac{15+27}{60}$＝0.7，催し物Bが

$\frac{8+18}{40}$＝0.65，催し物Cが$\frac{13+27}{50}$＝0.8となり，催し物Cが最も大きいからである。

《解　説》

1 問1　水がこおる（氷がとける）温度は0℃である。

問2　暖かい空気は上に動き，冷たい空気は下に動く。暖房（だんぼう）に設定したエアコンの風向きが上になっていると，エアコンから出た暖かい空気が上にたまったままになって，部屋の空気が動かないため，部屋全体を暖めるのに時間がかかる。なお，夏にエアコンの設定を冷房したときは，風向きを上にした方が部屋全体をはやく冷やすことができる。

問3　使うコップ（保冷コップと保冷ではないコップ）だけを変え，他の条件をそろえて実験を行うことで，結果に違い（ちが）いがでたとき，その結果の違いがコップによるものだと判断できる。

2 問1　（道のり）÷（速さ）から，かかった時間を計算する。

問2　まずアをふくむかふくまないかで場合分けをし，次にイの回数で場合分けをすればよい。

問3　合計人数が異なるデータを比べるとき，全体に対する割合で比べるのがふさわしいことがある。

《解答例》

1 問1．現実はなかなか自分の意図するようにならない　　問2．野草に興味をもったことで，近所に生えている道端の草を見る目が変わり，これまではただの散歩にすぎなかったものが，アドベンチャーに一変したから。

問3．(例文)超スマート社会におけるコミュニケーションは，日々の生活を豊かにする力をもっていますが，逆に現実の世界が二の次になってしまう危険もあることが分かりました。私は友だちに言いにくいことを伝えるときにスマホを利用することがあります。しかし，これからは現実の世界のコミュニケーションをさけて通ろうとせずに，むしろ顔と顔を合わせて，思いやりの気持ちをもって伝えたいと思いました。

2 問1．プラ製品の生産量と廃棄量が増えていること／プラごみが自然に分解されにくいこと　　問2．新潟県沿岸は海流が強く，波の力も大きいので，たくさんのごみが運ばれてきており，新潟市西区五十嵐浜西側や西蒲区浦浜などが，砂やごみがたまりやすい地形であるから。　　問3．(例文)海に捨てられたプラスチックごみは，景観を悪化させるだけでなく，海の中の魚やウミガメなどの命を脅かす存在となっているからです。プラごみは自然に分解されにくく，波や砂で砕かれてマイクロプラスチックとなると，魚やウミガメなどの体内に入り込んでしまいます。魚を食べている私たちにも影響があります。集めるのが難しいマイクロプラスチックになる前に，海岸清掃に参加して，プラごみを回収しましょう。

《解　説》

1 問1　「こんな」が指しているのは，直前の3行に述べられた内容である。その中で要点となる部分を書き抜く。

問2　直接的な理由は，最後の段落に述べられている。そのきっかけとなった，オンラインワークショップの経験を通して野草に興味を持つようになり，道端の野草を見る目が変わったことを加えてまとめる。

問3　【資料1】と【資料2】には，超スマート社会のマイナス面とプラス面が述べられている。それを踏まえて，3つの条件を満たした文章をまとめる。

2 問1　【資料3】に「海洋ごみの中でも，特にプラスチックごみ(プラごみ)は世界的に増え続けています。プラ製品の生産量と廃棄量が増えていることや，プラごみが自然に分解されにくいことなどが理由です。」とある。

問2　【資料3】に「新潟県沿岸は海流が強く，波の力も大きいので，たくさんのごみが運ばれてきます」「海岸の地形には，波に削られやすい所と砂がたまりやすい所があります。砂がたまる所にごみも集まりやすく，新潟市では西区の五十嵐浜の西側や，西蒲区の浦浜などにたくさんのごみが打ち上げられてきます。」とある。

問3　会話文と【資料3】～【資料5】を踏まえるので，海岸掃除において特にプラスチックごみを集めることを呼びかける内容にしよう。【資料3】からは，海洋ごみのなかでプラスチックごみが増えていること，プラスチックは自然に分解されにくく，小さくなったプラスチックが「マイクロプラスチック」となると集めにくく，魚やウミガメの体内に入り込んで，生命を脅かしていることが読み取れる。【資料4】からは，プラスチックごみによる海の汚染がどのような問題を引き起こしているかと，それの認知度，また，どのような取り組みをしていけばよい(したいと考えられている)かが読み取れるので，このうちどれかを取りあげ，呼びかけに具体性を持たせよう。

【資料5】からは，マイクロプラスチック問題は，魚を食べている私たちにも関係があることを読み取り，自分ごととして捉えられるように呼びかけに盛り込もう。

《解答例》

1 問1．時刻…13時　気温差…4度　　問2．資料1では，窓の外に布などを張って日よけにする実験が行われておらず，グリーンカーテンありの実験と比べられないので，下線部①のことは言えない。　　問3．グリーンカーテンは，日光をさえぎることによって部屋の気温を下げる効果があるとともに，蒸散によって部屋の気温を下げる効果もある。蒸散では，主に植物の葉から水蒸気を出すときに周囲の熱をうばうので，蒸散が盛んに行われる昼間に部屋の気温が下がる。

2 問1．12時50分　　問2．求め方…492÷30＝16余り12より，1つの班の人数を16人にして30班作ったとき，12人余る。それぞれの班ができるだけ同じ人数になるためには，余った12人を1人ずつ別々の班に入れればよい。したがって，16＋1＝17(人)の班が12班，16人の班が30－12＝18(班)できる。　　答え…17人の班が12班，16人の班が18班　　問3．賛成する考え…たかしさん　理由の説明…私はたかしさんの意見に賛成です。理由は2回の記録の差の方が計算がしやすい分，わかりやすいと考えたからです。去年の記録だと，A班は1回目と2回目の差が40回で，B班は1回目と2回目の差が36回となり，A班ががんばった賞をもらえると，すぐに計算して求めることができます。がんばった賞をあげる目的は，大会をもっと盛り上げることです。賞をみんなに説明するときや，結果を発表するときに，わかりやすいものでないと理解するのに時間がかかってしまい，盛り上げることは難しいと思います。だから私は，たかしさんの意見に賛成です。

《解　説》

1 問1　上のグラフ(グリーンカーテンなし)と下のグラフ(グリーンカーテンあり)の差が最も大きいのは13時で，その差は26－22＝4(度)である。

問2　窓の外にグリーンカーテンを設置する実験と，布などを張って日よけにする実験の結果を比べ，窓の外にグリーンカーテンを設置する実験の方が部屋の気温が低くなれば，下線部①のことが言える。

問3　植物は蒸散によって，主に葉から水を水蒸気の形で空気中に出している。図1の打ち水と同じで，水が水蒸気に変化するときには周囲の熱をうばうので，蒸散には周囲の気温が下げる効果がある。植物は蒸散によって，根からの水の吸収を盛んにするとともに，葉の温度が上がりすぎないようにしている。

2 問1　1回の大会を終えるためには最大35分間必要なので，求める時刻は13時25分の35分前となる。よって，13時25分－35分＝12時85分－35分＝12時50分である。

問2　492を30で割ると余りが出るので，余った人数を1人ずつ別々の班に入れれば，同じ人数の班が最も多くできる。

問3　たかしさんの考えだとA班は1回目と2回目の差が200－160＝40(回)，B班は1回目と2回目の差が116－80＝36(回)となり，A班ががんばった賞をもらうことになる。また，さくらさんの考えだとA班は1回目から2回目で200÷160＝1.25(倍)，B班は1回目から2回目で116÷80＝1.45(倍)となり，B班ががんばった賞をもらうことになる。【表2】の結果をふまえて，選んだ方の考えの良い点を具体的に説明すること。

《解答例》

[1] 問1．辛いこと，厭なこと，哀しいことがあっても，希望を失わず常に前へ進もうという思い。

問2．大木さん自身が強く心を打たれたという，実感のこもった言葉だからこそ，読者の心にひびき，共感を呼ぶことができるという魅力。

問3．1つめの工夫…年譜と関連させて，連ごとに解説している。　2つめの工夫…解説をふまえて，最後に意見を述べている。

[2] 問1．1つめの課題…災害によって水を使えなくなる恐れがあること。　2つめの課題…水を手に入れるために学校へ行けない子どもがいること。

問2．（例文）世界中に安全な水を使えない人が多いことは，資料3を見るとわかるよ。地図の真ん中の日本では，全員が自宅できれいな水を飲めるね。反対に，地図の左下のアフリカでは，きれいな水をすぐに飲めない人が多いね。また，資料6を見ると，清潔な水が手に入るようになれば，病気にかかる危険性を減らせるので，大勢の子どもたちの健康状態を改善できることがわかるよ。支援活動が命や未来を守ることにつながっていくといいな。

《解　説》

[1] 問1　川崎さんの文章の傍線部①は，その直前で取り上げた，大木さんの詩の最後の3行を指している。会話文で，たかしさんが，「そうした思い」とは「最後の3行のところだと思うよ」と言っているのも参照。よって，「辛いこと，厭なこと，哀しいこと」に出会うたびに，「——前へ」と自分を励ます気持ち。この「——前へ」は，「家なき子」のルミの「希望を失わず，つねに前へ進んでいく」生き方をふまえた言葉である。

問2　川崎さんの言う「単純なこと」とは，直前の段落で述べた「作者が感動した，そこから生まれた詩であればこそ」ということ。「単に〜というだけでは〜心は揺れません」，つまり，作者の実感がこもっているからこそ，人の心を打つのだということを言っている。大きな悲しみや苦しみを何度も経験し，そのたびに前を向いて歩み続けた大木さんが好きだという「——前へ」という言葉。大木さんの，経験にもとづいた心からの思いが，読者の心を打つのだということ。

問3　作者の実感がこめられた詩だからこそ読者の心を打つのだということを言うために，詩を連ごとに分け，詩にある「人生の不幸」と大木さんの年譜を関連させて説明している。

[2] 問1　1つめの課題は，地震や台風などで被災したとき，断水となって飲み水やトイレ用の水を確保できなかったことから考える。2つめの課題は，水不足の地域で生活する【写真】の女の子が，水をくみに行くのに6時間もかかるために，学校で勉強する時間がないことから考える。

問2　説明する内容は「水の確保に苦しむ子どもがいる事実を知ってもらうこと」である。よって，資料1や資料2は適さない。みんなが興味をもって協力したいと思うこと，低学年にデータやグラフを理解するのは難しいことを意識すれば，地図を使った資料3や写真を使った資料6を選べる。また，解答例の資料6について「清潔な水が手に入るようになれば，水をくむために子どもたちが歩かなくてもよくなるので，学校に通えるようになることがわかるよ。」なども考えられる。

《解答例》

1 問1．①写真1では花をたばねている部分が閉じているが，写真2ではその部分が反り返っている。　②写真1ではくきに細かい毛のようなものが見られるが，写真2ではそのようなものは見られない。　③写真1のタンポポの方が写真2のタンポポよりもくきが細い。　一番よい手がかりとなる違い…①　理由…他と見比べる必要がなく，それほど近づかなくても形の違いで判断できるから。

問2．ニホンタンポポの記号…A　理由…資料より，セイヨウタンポポの方が分布を広げやすいと考えられる。よって，セイヨウタンポポの綿毛の方が遠くまで運ばれやすく，ニホンタンポポの綿毛の方が床に落ちるまでの時間は短くなると考えられる。

問3．都市化に伴い，ニホンタンポポの生育地が次々と奪われることで，ニホンタンポポが減少してきた。また，都市化により造成された土地にセイヨウタンポポが入り込み，セイヨウタンポポが分布を広げた。その後，ニホンタンポポが生育する土地の近くにセイヨウタンポポが入り込み，セイヨウタンポポとニホンタンポポとの交雑から雑種タンポポが生まれるようになったことでも，ニホンタンポポが減少してきた。

2 問1．$\frac{2}{3}$ と $\frac{3}{7}$ をそれぞれ小数で表すと，$2 \div 3 = 0.66\cdots$，$3 \div 7 = 0.42\cdots$ となり，小数部分がどこまでも続くから，小数で計算はできないよ。

問2．$\frac{2}{3}$ 枚はピザを3等分したうちの2枚，$\frac{3}{7}$ 枚はピザを7等分したうちの3枚を表すから，1枚あたりの大きさが違うよ。通分をすると1枚あたりの大きさが同じになるから，たし算をすることができるよ。

問3．1回めの確かめ…$\frac{1}{2} \div \frac{2}{3} = \frac{3}{6} \div \frac{4}{6}$　$3 \div 4 = \frac{3}{4}$　$\frac{1}{2} \div \frac{2}{3} = \frac{1}{2} \times \frac{3}{2} = \frac{1 \times 3}{2 \times 2} = \frac{3}{4}$

2回めの確かめ…$\frac{2}{3} \div \frac{3}{4} = \frac{8}{12} \div \frac{9}{12}$　$8 \div 9 = \frac{8}{9}$　$\frac{2}{3} \div \frac{3}{4} = \frac{2}{3} \times \frac{4}{3} = \frac{8}{9}$

問4．長さが $\frac{2}{3}$ mのときの重さが $\frac{3}{5}$ kgとなるロールケーキの，1mあたりの重さを考えるよ。通分すると，このロールケーキは $\frac{2}{3}$ m$= \frac{10}{15}$ mで $\frac{3}{5}$ kg$= \frac{9}{15}$ kgになるから，10mで9kgになることがわかるよ。だから，ロールケーキの1mあたりの重さは $9 \div 10 = \frac{9}{10}$（kg）と計算できるよ。

《解　説》

1 問1　写真1や2に見られるタンポポの花は，1つの花ではなく，小さな花がたくさん集まったものである。それらをたばねている部分を総苞（そうほう）といい，総苞が閉じているのがニホンタンポポ，総苞が反り返っているのがセイヨウタンポポである。解答例の③については，写真1と2で同じ太さに見えるくきは，花の大きさをそろえたときには写真1のくきの方が細くなると考えられる。また，解答例の②は近づいてよく見ないとその違い（ちが）が分からないし，解答例の③は花の大きさが同じくらいニホンタンポポとセイヨウタンポポを見比べないとその違いが分からないので，それほど近づかなくても形の違いだけで判断できる解答例①の違いが一番よい手がかりだと考えられる。

問2　セイヨウタンポポの果実の方が軽く，小さいため，より長い時間浮（う）かんで，遠くまで運ばれる。

問3　都市開発に伴（ともな）い，ニホンタンポポの生育地が奪（うば）われて数が減ったことに加え，セイヨウタンポポとの交雑によって雑種タンポポが生まれることでもニホンタンポポの数が減ったと考えられる。

② **問1** 0.66…, 0.123123…など, 小数部分がある桁からあと, いくつかの数字が同じ順に限りなくくり返して現れる小数を, 循環小数という。

問2 ピザやケーキなど, 身近にあるものを例えに出すとわかりやすい。ここでは夏子さんが作った問題がピザを例えに出しているので, 3等分したピザと7等分したピザは1枚あたりの大きさが違うことを示す。

問3 通分した数の分子どうしのわり算をする方法, 逆数をかける方法をそれぞれ計算する。

分数はどの組み合わせでもよいが, 分母が同じ分数を選ぶのはやめた方がよいであろう。

問4 分数のわり算の問題は, 解答例のように1あたりの量を求める問題にすると, 問題が作りやすい。

《解答例》

1　問1．本当は幸せ　　問2．(例文)私はかな子さんの紹介文の方が，ふさわしいと思います。この紹介文には「同調圧力」に関するかな子さんの実体験が書かれていて，同じような悩みをかかえている人が共感しやすいからです。また，そうした悩みをかかえていない人にも，この問題が身近なものであることが伝わります。そして，たくさんの人が「同調圧力」について考え，この本に興味を持つと思います。　　問3．(例文)「同調圧力」について考え，友だちとうまく付き合おう

2　問1．式…$480 \times \dfrac{5}{100}$　答え…24　　問2．式…$3500 \times \left(1 - \dfrac{30}{100}\right)$　答え…2450　　問3．式…$6000 \div 40$　答え…150

問4．式…$3000 \times \dfrac{6.5}{100}$　答え…200　理由…約何百人かを求めるので，検査人数を百の位までのがい数にし，陽性率をかけるから。　　問5．過去7日間の報告数の平均値を用いているから。

問6．[考えられる根拠／データ番号]　[検査の陽性率が4月・5月にくらべ下がっているから。／②]，[入院患者数が4月・5月にくらべ少なくなっていて，医療体制への負担が減っているから。／③，⑥]，[重症患者数が4月・5月にくらべ少なくなっていて，医療体制への負担が減っているから。／④，⑥]，[検査実施件数が4月・5月にくらべ多くなっていて，感染者をより早く発見できているから。／⑤，⑥] などから3つ　　問7．8人

問8．接触を8割減らした場合，再生産数は $2.5 \times (1 - 0.8) = 0.5$(人)となり，感染者は徐々に減っていくが，接触を6割減らした場合，再生産数は $2.5 \times (1 - 0.6) = 1$(人)となり，感染者数はほぼ変わらないと考えられるから。

《解　説》

1　問2　「理由を明確にして，書くこと」とあるので，たかしさんとかな子さんのそれぞれの紹介文の特徴をおさえてから，「高学年向けの生活委員通信に掲載するのにふさわしい」と思う方を選んで書こう。たかしさんの紹介文は，本の中から引用している部分が多いため，本の内容をイメージしやすい良さがある。かな子さんの紹介文は，自分の実体験と結びつけて書いているため，同じような悩みをかかえる人の共感を得やすいという良さがある。筆者が用いた「同調圧力」という言葉を取り上げ，それがいじめを注意できない原因ではないかと自分の考えを述べているところも特徴的である。

2　問1　480人の5％＝$\dfrac{5}{100}$は，$480 \times \dfrac{5}{100} = 24$(人)

問2　30％＝$\dfrac{30}{100}$だから，求める金額は，$3500 \times \left(1 - \dfrac{30}{100}\right) = 2450$(円)

問3　上から1けたのがい数で表すと，ゾウの重さは6000kg，A子さんの体重は40kgだから，ゾウの重さはA子さんの体重の $6000 \div 40 = 150$(倍)である。

問4　「…感染者はおおよそ何人か，…」という会話，「…約何百人と判断できますか。…」という問題文や問3からも，がい算で求める問題と判断できる。2976.3を百の位までのがい数にすると3000である。

資料1の(注)より，(陽性率)＝$\dfrac{(\text{陽性判明数の移動平均})}{(\text{検査人数の移動平均})}$だから，感染者数(陽性判明者数)は，

(検査人数の移動平均)×(陽性率)で求められるとわかる。

よって，$3000 \times \dfrac{6.5}{100} = 195$ より，感染者数は約200人と判断できる。

問5　資料1の(注)より，「集団感染発生や〜過去7日間の移動平均値をもとに算出する。」ということに注目したい。

問6　問4より，(感染者数)＝(検査人数の移動平均)×(陽性率)だから，陽性率が増えていなくても，検査人数が増えれば感染者数は増えることになる。また，資料2の③，④の情報から，感染者の中でも重症者が少なくなっていることに気づきたい。

問7　再生産数が2の時，感染者が1人いたとすると，2次感染者は2人，3次感染者は2×2＝4(人)，4次感染者は4×2＝8(人)となる。

問8　「再生産数」が1以上の場合，感染者1人に対しての2次感染者が1人以上となるので，感染者が減らず，効果がないと考えられるから。

《解答例》

問1．世界で栄養不足の人々が多く存在し，食品ロスが国際的な関心を高める中で，日本の食品ロスは非常に多く，中でも恵方巻の食品ロスが話題となったから。

問2．式…100×8－70×10　答え…100円

問3．②　理由…学年ごとの残食率を減らす努力の成果が読み取りやすいうえに，他の学年や全体との比較も簡単にできるから。

問4．量を理由として残食する生徒数の，回答数に占める割合は，学年が下がるほど高くなる傾向にあること。

問5．参考にした資料番号…8，9　（例文）食品ロスの約半分が家庭から出されていることを知れば，食べ物を無駄にしないようにする人が増えるかもしれないね。家庭内での食べ残しや，期限切れの廃棄の量が多いことをアピールして，1人1人に食品ロスについて関心を持ってもらうことが大切だと思うよ。

問6．参考にした資料番号…8，9　（例文）私は，全校生徒で交流会を開き，エコレシピコンテストを開催することを提案します。各学年1人ずつの6人組グループを結成し，食料を上手に使い切るためのレシピを考えて料理を作ります。食べられる部分を過剰に取り除いてしまうことで発生する，食品ロスの量を減らす効果があると思うからです。また，優勝グループのレシピを給食で提供すれば，食品ロスについて関心をより強く持てるようになると思います。さらに，学校で作ったレシピを家で作る機会が増えれば，自分たちだけでなく家族にも食べ物を無駄にしないことを意識してもらえるようになると思います。普段から，食品ロスを減らすため，冷蔵庫の中身を確認してから買い物に行くようになったり，食べきれる量を作って残さず食べるようになったりするなど，自分たちのできることを心がけるきっかけになると考えます。

《解　説》

問1　お母さんが「売れ残った恵方巻が大量に捨てられることが問題になっている」と言っていることに着目する。資料1より，国際的に食料廃棄を削減させる意識が高まっていることが分かる。資料2より，日本人は1日に茶碗1杯分の食品ロスを出しているので，全体で約612万トンにも及ぶことが分かる。資料3より，世界人口の9人に1人が栄養不足であることが分かる。資料4より，恵方巻の大量廃棄がネット上で話題となったことをきっかけに，需要に見合った販売を強化するようになったことが分かる。

問2　（利益）＝（売れた金額の合計）－（仕入れた金額の合計）で求められるから，利益は，100×8－70×10＝100（円）

問3　グラフ②を見れば，折れ線グラフの傾きから，変化の大きさを読み取ることができる。例えば，5年生・6年生や全校の平均よりも，1年生の方が年間を通して残食率は高いが，4月をピークにそれ以降は減少傾向にあると読み取ることができる。

問4　給食の量が多いから残すと回答した人の割合は，1年生が24÷80×100＝30（%），2年生が18÷68×100＝26.4…（%），3年生が15÷58×100＝25.8…（%），4年生が10÷48×100＝20.8…（%），5年生が8÷42×100＝19.0…（%），6年生が7÷36×100＝19.4…（%）なので，学年が下がるほど高くなっている。

問5　資料8と資料9を見れば，家庭から出される食品ロスの量が多いことが分かる。食品の買いすぎや料理の作りすぎによって廃棄されてしまうことが多いので，食品ロス削減のために1人1人ができることを日常生活で取り入れていくことが大切である。

問6　残食率の高い1年生や2年生が，他の学年の人たちとの交流によって，食品ロス削減について関心を持つようになる提案をしよう。解答例のほか，資料5をもとに，他の学年の人たちと給食を食べる際に「食べきりタイム」を設置することを提案して，残さず食べる意欲を学ばせる機会を作ることなども考えられる。

《解答例》

1 問1．分類…[タイトル／カード番号] [楽しいことを行うもの／③⑨]，[困っていることを解消するもの／①④⑤⑥⑧]，[不安なことを解消するもの／②⑦]　考え方…(例文)私は，それぞれの意見がお年寄りにとってどのようなものにあたるのかを考えて，カードを分類することにした。そうすることによって，お年寄りのどういった声にこたえて「お年寄りを元気にしたい」のかが決まり，話し合う内容を整理し，しぼりこむことができるからだ。また，話し合う内容をしぼりこめば，提案する内容について考える時間が増え，意見もたくさん出て，よりよい提案をつくることができると思う。　　　問2．意見カード…⑨　資料…2，3　(例文)私は，小学校で交流会を行うのがよいと思う。お年寄りが困っていることや不安なことを解消するのも大事なことだが，お年寄りを元気にしたいのであれば，楽しいことをするのが最も効果的だと思うからだ。また，日常的に若年層と会話をすることで，認知症の進行が遅れるという内容が，新聞に書かれていた。そして，家に閉じこもっていると，活動力を失って寝たきりになったり，認知症を発症する可能性を上げたり，気分が落ち込んだ状態になったりすると考えられている。小学校に出かけるのは大変だという意見もあるが，お年寄りが外出し，子どもと交流する機会を作るのは本当に大切なことだ。大勢の人に会うと疲れるというお年寄りもいるので，グループに分かれて交流するなど，あまり大勢の人と話さなくてもすむような工夫もできる。みんなの特技を生かして準備することで，楽しい交流会にすることができると思う。

2 問1．自分はまだ大丈夫だと思っている<u>こと</u>。／車がないと生活が不便だと思っている<u>こと</u>。／返納後に受けられるバス券やタクシー利用代金を援助するサービスについてよく知らない<u>こと</u>。(下線部は<u>から</u>でもよい)
　　問2．高れい者による運転リスクについては，資料2と資料4が参考になると思うよ。運転時の操作ミスが起こりやすい状況を，Aさんが提案した劇という方法で伝えれば，身体機能が低下しているお年寄りにも自覚してもらえるかもしれないね。たとえば，高れい運転者に多いハンドルの操作ミスや，ブレーキとアクセルの踏み間違いによる交通事故を劇にしてみてもいいと思うな。また，若者と高れい者の視野の広さを比べた写真を利用して，Bさんが提案したクイズを出題すれば，老人クラブのみなさんに楽しんでもらいながら，加れいによって信号や標識，歩行者，障害物，他の車などに注意がいきにくくなることをアピールできると思うよ。若い頃の身体機能との違いをはっきりさせることで，お年寄りに危機意識を持ってもらう効果があるといいな。

《解　説》

1 問1　問題文に「買い物など<u>生活に不便</u>を感じたり，<u>さみしい思い</u>をしたりしている人が多い」とあることを参考に，「不便を解消するもの」と「さみしさを解消するもの」などにわけてもよい。また，資料4でお年寄りの声を5つに分類していることも参考になる。

　　問2　「小学校で交流会を行う」という提案をすることは決まっているので，ひろしの「学校に来てもらうのは大変」，かなえの「交流会や訪問をするとなると〜お年寄りの方の負担にならないか心配」という意見に反論する必要がある。

2 問1　Bさんの「うちのおじいちゃんも〜自分はまだ大丈夫…車がないと生活が不便でしょうがないっていっている」という意見，Cさんの「返納することで不便さを解消するためのバス券やタクシー利用代金なんかを援助する制度もある」という意見に対して，老人クラブの会長さんが「返納するとどんなサービスが受けられるか，よく知らない

お年寄りも多い」といっていることが参考になる。

問2 　資料2と資料5は，高れい者による運転時の操作ミスが起こりやすい状況について考える際に参考になる。また，資料3と資料4は，死亡事故件数における高れい運転者の割合が年々増加していること，その要因としてハンドルの操作ミスや，ブレーキとアクセルの踏み間違いが特に多いことについて考える際に参考になる。解答例のほか，資料1の【免許証の自主返納をした高れい者】の「今まで気づかなかった景色を眺めながら，ゆっくりと時間を過ごすことに幸せを感じる」という意見を，資料8の「重要なのは，返納後の生活に対して『ポジティブな提案』をすること」や，話合いの中のＣさんの「返納の特典や自動車のない生活のよさなんかもアピールできるといい」という意見に結びつけて考えてもよい。

《解答例》

1 (1)円周率の小さな誤差によるえいきょうは，「はやぶさ」が遠くに行けば行くほど大きくなり，たどりつく場所が大きくずれてしまう。　(2)①円の直径に対する円周の長さの比率　②円の直径は2cmであり，正六角形の周の長さは6cm，正方形の周の長さは8cmである。円周の長さは，正六角形の周の長さより長く，正方形の周の長さより短い。したがって，円周率は，6÷2＝3より大きく，8÷2＝4より小さい。　③模様の中の正六角形の3本の対角線を，点Oを中心に30度回転させ，円周と交わる点と正六角形の頂点を結んで正十二角形をかく。

(3)正方形の穴は，対角線の位置に正方形のふたの1辺を合わせるとふたが穴に落ちるが，円形の穴のはばはすべて直径の長さであり，円形のふたを通すのは難しいから。

(4)実際に描いた図…右図／「ルーローの三角形」では，周上のどの点においても，その点から最も遠い周上の点までの長さは一定なので，円と同じで回転してもはばが変わらないから。

2 (1)地面の上にできる野菜や果物はうき，地面の下にできる野菜や果物はしずむ。

(2)[考えられること(予想)／予想が正しいかどうかを調べる方法]　[熟すと重くなる。／熟す前後で重さをはかって比べる。]，[熟すと実が小さくなる。／熟す前後で同じきょりから写真をとり，大きさを比べる。]，[熟すと実の中の空気が少なくなる。／熟す前のトマトと熟した後のトマトの断面を見比べる。]　(3)できるだけ栄養分を多くふくんだ中身のつまった米を種としてまくと，発芽やその後の成長がよくなると考えられる。食塩が多くとけている食塩水ほど1cm³あたりの重さが重くなり，より中身のつまった米だけがしずむようになるが，種として使える米が少なくなりすぎるのは困るので，1cm³あたりの重さが重くなりすぎないように，適切な量の塩を入れた食塩水を使う。

《解　説》

1 (1)　「『スピード』や『安全性』などの観点から，使い道や目的によって，円周率の桁をきめている」と問題文にある。「はやぶさ」の場合は移動きょりの観点から円周率の桁をきめていると言える。

(2)①　円周率の定義を覚えていなくても，(直径)×(円周率)＝(円周の長さ)という式を読み解けば答えられる。

②　円の直径が2cmだから，円周率が3だと円周は2×3＝6(cm)，円周率が4だと円周が2×4＝8(cm)になってしまう。したがって，模様の中の円周の長さが6cmより長く8cmより短いことを説明できればよい。

③　解答例のように正十二角形を作図すると，右図Iのようになる。この正十二角形の周の長さは，正六角形の周の長さである6cmよりも長いので，

図I

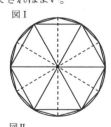

(正十二角形の周の長さ)÷2を計算すると，3よりも3.14に近い値となる。

なお，円周率を計算する方法として以下の方法が知られている。

ある円に内接(内側で接する)する正多角形をかき，さらにその正多角形を，その円に外接(外側で接する)するまで拡大する。例えば，正十二角形においてこの作図を行うと，図IIのようになる。円の直径が1だとすると，正十二角形の周の長さは，内接している方がおよそ3.105，外接している方がおよそ3.215となるので，円周率は3.105より大きく，3.215より小さいとわかる。正多角形の角の数を増やしていくことで，より正確な円

図II

周率を求めることができる。

(3)　「正方形の場合と比較して」とあるので，正方形のふただと落ちてしまう理由を考える。

(4)　ルーローの三角形の作図は，コンパスのはばを一定にしたまま，①1本曲線を引き，②引いた曲線上の1点に針をさして，もう1本曲線を引き，③2本の曲線が交わる点に針をさして，3本目の曲線を引けばよい。

解答例のようにルーローの三角形は，「周上のどの点においても，その点から最も遠い周上の点までの長さは一定」という性質がある。そのため，右図のようにルーローの三角形を直線上で転がすと，高さはつねに一定になるという性質がある。

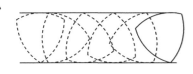

2　(2)　ものが水にうくかしずむかは，1cm³あたりの重さ（密度という）に関係する。密度が水より小さければうき，大きければしずむ。熱すことで，密度が水よりも大きくなるような変化を考えればよいから，1つ目の正答例のように（体積は変化せず）重さが重くなる変化や，2つ目の正答例のように（重さは変化せず）体積が小さくなる変化を考えればよい。これらの他にも，自由に予想し，考えられることと予想が正しいかどうかを調べる方法に整合性があればよい。

(3)　米は，胚乳に発芽やその後の成長に必要な栄養分がたくわえられている。この栄養分がたくさんふくまれている米ほど密度が大きいから，より密度が大きい米だけがしずむように，水ではなく食塩水を使う。

■ ご使用にあたってのお願い・ご注意

（1）問題文等の非掲載

著作権上の都合により，問題文や図表などの一部を掲載できない場合があります。

誠に申し訳ございませんが，ご了承くださいますようお願いいたします。

（2）過去問における時事性

過去問題集は，学習指導要領の改訂や社会状況の変化，新たな発見などにより，現在とは異なる表記や解説になっている場合があります。過去問の特性上，出題当時のままで出版していますので，あらかじめご了承ください。

（3）配点

学校等から配点が公表されている場合は，記載しています。公表されていない場合は，記載していません。

独自の予想配点は，出題者の意図と異なる場合があり，お客様が学習するうえで誤った判断をしてしまう恐れがあるため記載していません。

（4）無断複製等の禁止

購入された個人のお客様が，ご家庭でご自身またはご家族の学習のためにコピーをすることは可能ですが，それ以外の目的でコピー，スキャン，転載（ブログ，ＳＮＳなどでの公開を含みます）などをすることは法律により禁止されています。学校や学習塾などで，児童生徒のためにコピーをして使用することも法律により禁止されています。

ご不明な点や，違法な疑いのある行為を確認された場合は，弊社までご連絡ください。

（5）けがに注意

この問題集は針を外して使用します。針を外すときは，けがをしないように注意してください。また，表紙カバーや問題用紙の端で手指を傷つけないように十分注意してください。

（6）正誤

制作には万全を期しておりますが，万が一誤りなどがございましたら，弊社までご連絡ください。

なお，誤りが判明した場合は，弊社ウェブサイトの「ご購入者様のページ」に掲載しておりますので，そちらもご確認ください。

■ お問い合わせ

解答例，解説，印刷，製本など，問題集発行におけるすべての責任は弊社にあります。

ご不明な点がございましたら，弊社ウェブサイトの「お問い合わせ」フォームよりご連絡ください。迅速に対応いたしますが，営業日の都合で回答に数日を要する場合があります。

ご入力いただいたメールアドレス宛に自動返信メールをお送りしています。自動返信メールが届かない場合は，「よくある質問」の「メールの問い合わせに対し返信がありません。」の項目をご確認ください。

また弊社営業日（平日）は，午前９時から午後５時まで，電話でのお問い合わせも受け付けています。

2025 春

株式会社教英出版

〒422-8054　静岡県静岡市駿河区南安倍３丁目 12-28

TEL　054-288-2131　　FAX　054-288-2133

URL　https://kyoei-syuppan.net/

MAIL　siteform@kyoei-syuppan.net

 教英出版

K 教英出版　2025　10 の 1　高志中等教育学校

教英出版　2025年春受験用　中学入試問題集

学校別問題集
★はカラー問題対応

④[府立]富田林中学校
⑤[府立]咲くやこの花中学校
⑥[府立]水都国際中学校
⑦清風中学校
⑧高槻中学校（A日程）
⑨高槻中学校（B日程）
⑩明星中学校
⑪大阪女学院中学校
⑫大谷中学校
⑬四天王寺中学校
⑭帝塚山学院中学校
⑮大阪国際中学校
⑯大阪桐蔭中学校
⑰開明中学校
⑱関西大学第一中学校
⑲近畿大学附属中学校
⑳金蘭千里中学校
㉑金光八尾中学校
㉒清風南海中学校
㉓帝塚山学院泉ヶ丘中学校
㉔同志社香里中学校
㉕初芝立命館中学校
㉖関西大学中等部
㉗大阪星光学院中学校

兵　庫　県
①[国立]神戸大学附属中等教育学校
②[県立]兵庫県立大学附属中学校
③雲雀丘学園中学校
④関西学院中学部
⑤神戸女学院中学部
⑥甲陽学院中学校
⑦甲南中学校
⑧甲南女子中学校
⑨灘中学校
⑩親和中学校
⑪神戸海星女子学院中学校
⑫滝川中学校
⑬啓明学院中学校
⑭三田学園中学校
⑮淳心学院中学校
⑯仁川学院中学校
⑰六甲学院中学校
⑱須磨学園中学校（第1回入試）
⑲須磨学園中学校（第2回入試）
⑳須磨学園中学校（第3回入試）
㉑白陵中学校

㉒夙川中学校

奈　良　県
①[国立]奈良女子大学附属中等教育学校
②[国立]奈良教育大学附属中学校
③[県立]｛国際中学校／青翔中学校
④[市立]一条高等学校附属中学校
⑤帝塚山中学校
⑥東大寺学園中学校
⑦奈良学園中学校
⑧西大和学園中学校

和　歌　山　県
①[県立]｛古佐田丘中学校／向陽中学校／桐蔭中学校／日高高等学校附属中学校／田辺中学校
②智辯学園和歌山中学校
③近畿大学附属和歌山中学校
④開智中学校

岡　山　県
①[県立]岡山操山中学校
②[県立]倉敷天城中学校
③[県立]岡山大安寺中等教育学校
④[県立]津山中学校
⑤岡山中学校
⑥清心中学校
⑦岡山白陵中学校
⑧金光学園中学校
⑨就実中学校
⑩岡山理科大学附属中学校
⑪山陽学園中学校

広　島　県
①[国立]広島大学附属中学校
②[国立]広島大学附属福山中学校
③[県立]広島中学校
④[県立]三次中学校
⑤[県立]広島叡智学園中学校
⑥[市立]広島中等教育学校
⑦[市立]福山中学校
⑧広島学院中学校
⑨広島女学院中学校
⑩修道中学校

⑪崇徳中学校
⑫比治山女子中学校
⑬福山暁の星女子中学校
⑭安田女子中学校
⑮広島なぎさ中学校
⑯広島城北中学校
⑰近畿大学附属広島中学校福山校
⑱盈進中学校
⑲如水館中学校
⑳ノートルダム清心中学校
㉑銀河学院中学校
㉒近畿大学附属広島中学校東広島校
㉓ＡＩＣＪ中学校
㉔広島国際学院中学校
㉕広島修道大学ひろしま協創中学校

山　口　県
①[県立]｛下関中等教育学校／高森みどり中学校
②野田学園中学校

徳　島　県
①[県立]｛富岡東中学校／川島中学校／城ノ内中等教育学校
②徳島文理中学校

香　川　県
①大手前丸亀中学校
②香川誠陵中学校

愛　媛　県
①[県立]｛今治東中等教育学校／松山西中等教育学校
②愛光中学校
③済美平成中等教育学校
④新田青雲中等教育学校

高　知　県
①[県立]｛安芸中学校／高知国際中学校／中村中学校

福　岡　県

①[国立] 福岡教育大学附属中学校
（福岡・小倉・久留米）

②[県立]
育　徳　館　中　学　校
門　司　学　園　中　学　校
宗　像　中　学　校
嘉穂高等学校附属中学校
輝翔館中等教育学校

③西　南　学　院　中　学　校
④上　智　福　岡　中　学　校
⑤福　岡　女　学　院　中　学　校
⑥福　岡　雙　葉　中　学　校
⑦照　曜　館　中　学　校
⑧筑　紫　女　学　園　中　学　校
⑨敬　愛　中　学　校
⑩久　留　米　大　学　附　設　中　学　校
⑪飯　塚　日　新　館　中　学　校
⑫明　治　学　園　中　学　校
⑬小　倉　日　新　館　中　学　校
⑭久　留　米　信　愛　中　学　校
⑮中　村　学　園　女　子　中　学　校
⑯福岡大学附属大濠中学校
⑰筑　陽　学　園　中　学　校
⑱九州国際大学付属中学校
⑲博　多　女　子　中　学　校
⑳東　福　岡　自　彊　館　中　学　校
㉑八　女　学　院　中　学　校

佐　賀　県

①[県立]
香　楠　中　学　校
致　遠　館　中　学　校
唐　津　東　中　学　校
武　雄　青　陵　中　学　校

②弘　学　館　中　学　校
③東　明　館　中　学　校
④佐　賀　清　和　中　学　校
⑤成　穎　中　学　校
⑥早　稲　田　佐　賀　中　学　校

長　崎　県

①[県立]
長　崎　東　中　学　校
佐　世　保　北　中　学　校
諫早高等学校附属中学校

②青　雲　中　学　校
③長　崎　南　山　中　学　校
④長　崎　日　本　大　学　中　学　校
⑤海　星　中　学　校

熊　本　県

①[県立]
玉名高等学校附属中学校
宇　土　中　学　校
八　代　中　学　校

②真　和　中　学　校
③九　州　学　院　中　学　校
④ルーテル学院中学校
⑤熊本信愛女学院中学校
⑥熊本マリスト学園中学校
⑦熊本学園大学付属中学校

大　分　県

①[県立]大　分　豊　府　中　学　校
②岩　田　中　学　校

宮　崎　県

①[県立]五ヶ瀬中等教育学校
②[県立]
宮崎西高等学校附属中学校
都城泉ヶ丘高等学校附属中学校
③宮　崎　日　本　大　学　中　学　校
④日　向　学　院　中　学　校
⑤宮　崎　第　一　中　学　校

鹿　児　島　県

①[県立]楠　隼　中　学　校
②[市立]鹿児島玉龍中学校
③鹿　児　島　修　学　館　中　学　校
④ラ・サール中学校
⑤志　學　館　中　等　部

沖　縄　県

①[県立]
与　勝　緑　が　丘　中　学　校
開　邦　中　学　校
球　陽　中　学　校
名護高等学校附属桜中学校

もっと過去問シリーズ

北　海　道

北嶺中学校
7年分（算数・理科・社会）

静　岡　県

静岡大学教育学部附属中学校
（静岡・島田・浜松）
10年分（算数）

愛　知　県

愛知淑徳中学校
7年分（算数・理科・社会）
東海中学校
7年分（算数・理科・社会）
南山中学校男子部
7年分（算数・理科・社会）

南山中学校女子部
7年分（算数・理科・社会）
滝中学校
7年分（算数・理科・社会）
名古屋中学校
7年分（算数・理科・社会）

岡　山　県

岡山白陵中学校
7年分（算数・理科）

広　島　県

広島大学附属中学校
7年分（算数・理科・社会）
広島大学附属福山中学校
7年分（算数・理科・社会）
広島学院中学校
7年分（算数・理科・社会）
広島女学院中学校
7年分（算数・理科・社会）
修道中学校
7年分（算数・理科・社会）
ノートルダム清心中学校
7年分（算数・理科・社会）

愛　媛　県

愛光中学校
7年分（算数・理科・社会）

福　岡　県

福岡教育大学附属中学校
（福岡・小倉・久留米）
7年分（算数・理科・社会）
西南学院中学校
7年分（算数・理科・社会）
久留米大学附設中学校
7年分（算数・理科・社会）
福岡大学附属大濠中学校
7年分（算数・理科・社会）

佐　賀　県

早稲田佐賀中学校
7年分（算数・理科・社会）

長　崎　県

青雲中学校
7年分（算数・理科・社会）

鹿　児　島　県

ラ・サール中学校
7年分（算数・理科・社会）

※もっと過去問シリーズは
　国語の収録はありません。

K 教英出版

〒422-8054
静岡県静岡市駿河区南安倍3丁目12-28
TEL 054-288-2131
FAX 054-288-2133

詳しくは教英出版で検索

教英出版　検索
URL https://kyoei-syuppan.net/

令和6年度　新潟市立高志中等教育学校　選考検査

適 性 検 査 1

検査時間　9：15〜10：00

（45分間）

[注 意]

1　「始めてください。」と言われてから、開いてください。

2　「始めてください。」と言われたら、「記入用紙」の「受検番号」欄に、受検番号を書いてから、始めてください。

3　となりの人と話したり、用具の貸し借りをしたりしないでください。

4　ひとりごとを言ったり、わき見をしたりしないでください。

5　見にくいところがあったり、ページがとんでいたりしたら、だまって手をあげてください。

6　鉛筆や消しゴムを落としたときは、だまって手をあげてください。

7　「やめてください。」と言われたら、筆記用具を置き、指示にしたがってください。

8　問題冊子は全部で4ページです。問題冊子に、【資料】が2枚はさんであります。

【適性検査１】　あなたの考えを、「記入用紙」に書きましょう。

1　　たろうさんは、夏休みの宿題に、課題図書である「世界で大活躍できる１３歳からの学び」という本を読みました。そして、同じ本を読んだ人たちと、深く感心したことについて交流することになりました。

　　　【資料１】は、たろうさんが読んだ本の一部です。【資料１】を読んで、問１～問３に答えなさい。

問１　次のＡ、Ｂ、Ｃの文のうち、「外的モチベーション」に当てはまるもの全ての記号を答えなさい。

　　Ａ　テストでよい結果を出し、褒められること。
　　Ｂ　歴史に興味があり、武将について勉強すると楽しいこと。
　　Ｃ　風呂掃除をして、家族に感謝されること。

問２　【資料１】の「パズルを用いた実験」では、報酬を与えられた大学生のグループと報酬を与えられなかった大学生のグループでは、どちらのほうが意欲的に取り組んだと言えますか。

　　　デシ教授が意欲的に取り組んだと判断したグループと、そのように判断した理由について、文章中の言葉を用いて、句読点を含め５０字以上７０字以内で書きなさい。

問３　たろうさんは、深く感心したことを伝えるために、【資料１】の文章の一部を引用して、文章を書くことにしました。

　　　あなたがたろうさんだとしたら、どのように書きますか。

　　　引用した文章を記入するとともに、以下の条件にしたがって、句読点を含め１６０字以上２００字以内で書きなさい。

> 条件１　引用した文章の一部から自分が考えたことを書くこと。
> 条件２　【資料１】から学んだことを、今後の生活の中でどのように生かしていきたいか書くこと。
> 条件３　読み手に自分の考えが伝わるように、文章表現を工夫すること。

－ 1 －

このページに問題はありません。

次のページに進みなさい。

2 　　高志第一小学校の６年生では、総合的な学習の時間に、新潟市の環境について調べています。この学級のたかしさんとさくらさんのグループは、二酸化炭素などの温室効果ガス^{※1}の影響による地球温暖化について、別紙の【資料２】～【資料６】を見つけました。
　　二人の会話文と【資料２】～【資料６】を読み、問１～問３に答えなさい。

　　※１　温室効果…大気中の二酸化炭素などの気体が地表から放出される熱を吸収して地球の気温を上昇させること。

たかし：新潟市の環境についてタブレットで調べていたら、【資料２】から【資料５】を見つけたよ。

さくら：新潟市はゼロカーボンシティを目指しているんだね。（　ア　）年までに二酸化炭素の排出を実質ゼロにすると宣言したんだね。

たかし：へえ、すごいね。資料を見ると、新潟市では2013年から二酸化炭素の排出量が年々（　イ　）傾向だね。

さくら：そうだね。資料では、新潟市は、（　ウ　）部門と業務部門と運輸部門から排出される二酸化炭素の割合が全国と比較するとそれぞれ大きいよ。

たかし：ほかの政令指定都市と比べたらどうかな。

さくら：資料を見ると、（　ウ　）部門では、二酸化炭素の排出量が全政令指定都市の中で２番目に多く、（　エ　）部門では全政令指定都市の中で最も高いみたいだよ。

たかし：そうかあ。二酸化炭素を減らす努力が必要だね。

さくら：うん。そういえば、図書館で過去の新聞記事を読んでいたら、【資料６】を見つけたの。私たちができることがあるかもしれないよ。

たかし：【資料６】を見ると、二酸化炭素は地球温暖化に影響があって、温室効果ガスと呼ばれているみたいだね。家庭では、その温室効果ガスの排出が最も多いのは（　オ　）のようだよ。

さくら：そうなんだね。（　オ　）を節約することが大切なんだね。もし、節約せずに、このまま温室効果ガスによる地球温暖化が進んだら、大変なことになってしまうね。

- 3 -

たかし：よし。それなら、新潟市の二酸化炭素の排出の現状と課題を
　　　　しっかりと踏まえた上で、自分ができることをレポートに書
　　　　くことにしよう。

問１　【資料２】〜【資料６】を見て、たかしさんとさくらさんの会話
　　　文にある（ア）〜（オ）に当てはまる数字や語句を書きなさい。

問２　【資料６】には、このまま地球温暖化が進んだとすると、約８０
　　　年後には新潟市でどんなことが起こる可能性があると書かれていま
　　　すか。
　　　　【資料６】にある言葉を用いて、句読点を含め６０字以上８０字
　　　以内で書きなさい。ただし、数字や記号も１マスに１文字ずつ書く
　　　こと。

問３　あなたもたかしさんやさくらさんのように、二酸化炭素の排出を
　　　減らし、地球温暖化を止めることについてレポートを書くことにし
　　　ました。
　　　　活用した資料番号を記入するとともに、以下の条件にしたがって、
　　　句読点を含め１６０字以上２００字以内で書きなさい。

条件１　【資料２】〜【資料６】のうち、２つ以上の資料の内
　　　　容を踏まえて書くこと。
条件２　自分の身の回りのことや習ったこと、経験したことを
　　　　踏まえて書くこと。
条件３　自分にできることを書くこと。

このページに問題や資料はありません。

このページに問題や資料はありません。

【資料２】

特集 ゼロカーボンシティを目指して

■ ゼロカーボンシティって何?

2050年までに、気候変動の大きな要因である二酸化炭素 (CO_2) の排出量を実質ゼロにすることを目指すと公表した都市のことです。

新潟県とともに、新潟県内では新潟市、佐渡市、粟島浦村、妙高市、十日町市、柏崎市、津南町、村上市、新発田市、胎内市、小千谷市、燕市が表明しています。
（2022年11月末現在）

つなぐみらい
ゼ〇
カーボンシティ
にいがた
2050

二酸化炭素が たくさん出るとなぜ困るの?

● 地球全体の温度が上がる
● 海水面が上がる
● 熱中症・感染症患者が増える
● 異常気象が起こりやすくなる
● 害虫の生息地域が広がる

二酸化炭素は どうすると出てしまうの?

● 冷暖房など家電を使う
● 自動車に乗る
● 工場でものをつくる
● ごみを燃やす

私たちの生活の中から二酸化炭素 (CO_2) が出るのです。

CO_2を出さない取組は、すてきな新潟市であり続けるためにもとっても大切!

今の新潟市は…

新潟市は、ほかの都市と比べて家庭と自動車からの二酸化炭素を出す量が多いという課題があります。これは、家の床面積が広く、冬に暖房をたくさん使ったり、公共交通機関よりも自動車を使う人が多かったりするのが原因です。

こうした課題を解決するためにさまざまな取組を進め、新潟市の二酸化炭素排出量を2024年度までに2013年度に比べて30%、2030年度までに40%、2050年度までに80%減らすことを目標にした計画を2020年3月につくりました。その後12月には、ゼロカーボンシティを目指すと市長が表明しています。

世帯あたりの二酸化炭素排出量 (2019年度)

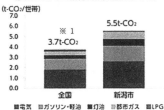

新潟市の二酸化炭素削減目標

★2050年排出量実質ゼロに向けた目標値に見直します

※１　t-CO₂…二酸化炭素１トンを意味する単位。

出典：私たちでつくる新潟の未来　小中学生用環境教育副読本

【資料3】

新潟市の二酸化炭素排出量の推移

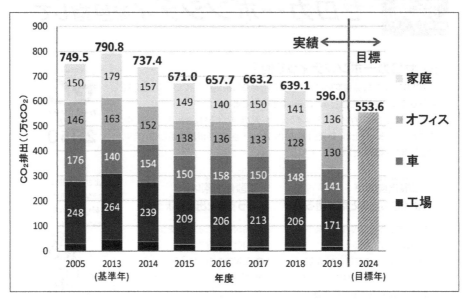

出典：私たちでつくる新潟の未来　小中学生用環境教育副読本より作成

【資料4】

新潟市と全国の二酸化炭素排出量割合の比較(2018年度)

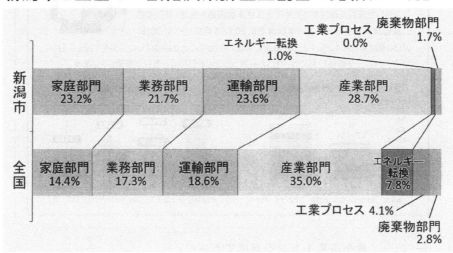

出典：私たちでつくる新潟の未来　小中学生用環境教育副読本

遊びはその行為そのものが楽しいはずです。一方、テストを受けなければいけないなどのように「何か」にとらわれた状態ではなかなか心から楽しむことはできません。この楽しむという動機を一般にはモチベーションと呼びます。よく「今日はモチベーションが低い」とか「モチベーションが上がらない」と言いますよね。ではこのモチベーションというものはいったいどうすれば高まるのでしょうか。また、どういうモチベーションのときに高い学習効果を発揮するのでしょうか。実はこれも心理学の実験でかなり有名なトピックなんです。

専門的には外的モチベーションと内的モチベーションの比較と呼びます。外的モチベーションとは簡単に言うと「ものでつる」ということです。例えば、何かをしたら「お金をあげる」とか、「褒められる」とかです。一方、内的モチベーションというのは「楽しいから」とか「好きだから」という行為そのものが報酬となることです。アメリカの心理学者のデシ教授はいったいどちらが高い学習効果を得られるのかという実験をしました。

当時、大学生の間で流行っていたソマと呼ばれるパズルを用いて実験は行われました。大学生を2つのグループに分け、パズルは7種類のいろいろな形をしたブロックを組み合わせ、飛行機や動物で示された形を作るという内容でした。もちろんしっかりと

他人からやらされている、コントロールされていると感じる場合、モチベーションが下がり、自分の意志で行動をしていると感じるときはモチベーションが高まるとわかったのです。授業でも何でも「やらされ感」満載の取り組みはモチベーションを上げない、積極的な学習を期待できないということです。「テスト」に向けて勉強しろって言われてもなかなか重い腰が上がらないというのはこのことなのです。ですから、遊びのように自分が好きで、自分の意志で行動しているときは夢中になりやすいのです。

（中略）

遊びをしているときは誰もが夢中になりますよね。それは将棋であれサッカー観戦であれ、何かを「している」だけではなく「見ている」場合もあります。自分のしている対象に全神経が集中している状態です。アメリカの心理学者チクセントミハイ教授はこの状態のことを「フロー体験」と呼びました。そしてそのフロー状態になるためには以下のような条件が必要だと述べています。

「失敗したらどうしよう」などと心配をしていたら何かに100％集中することは難しいですよね。ですから、まず失敗を恐れる気持ちから解放される必要があります。失敗を恐れる気持ちがなく

このページに

ません。

令和6年度　新潟市立高志中等教育学校　選考検査

適 性 検 査 2

検査時間　10：20～11：05

（45分間）

[注　意]

1　「始めてください。」と言われてから、開いてください。

2　「始めてください。」と言われたら、「記入用紙」の「受検番号」欄に、受検番号を書いてから、始めてください。

3　となりの人と話したり、用具の貸し借りをしたりしないでください。

4　ひとりごとを言ったり、わき見をしたりしないでください。

5　見にくいところがあったり、ページがとんでいたりしたら、だまって手をあげてください。

6　鉛筆や消しゴムを落としたときは、だまって手をあげてください。

7　「やめてください。」と言われたら、筆記用具を置き、指示にしたがってください。

8　問題冊子は全部で4ページです。

【適性検査２】　あなたの考えを、「記入用紙」に書きましょう。

[1]　　冬のある日、高志第一小学校６年生のたろうさんが外出先から自宅に帰ってきて、冷え方や暖まり方について考えています。次の文を読み、問１〜問３に答えなさい。

　　たろうさんが自宅に帰ってきたとき、玄関の外にあった①バケツの水がこおっていました。

　　たろうさんが自宅に入ったら寒かったので、エアコンを「暖房」に設定して部屋を暖め始めました。このとき、授業の班での話し合いで、「②エアコンの風向きが『上』のままじゃ、部屋全体がなかなか暖まらないから、風向きを『下』にした方がいいよ。」と、同じ班のさとみさんが言っていたのを思い出し、エアコンの風向きを「下」に設定しました。

　　部屋が暖まってしばらくすると、たろうさんは冷たい飲み物が飲みたくなりました。

　　たろうさんが食器棚を開けると、保冷コップがありました。保冷コップとは、飲み物の温度を低いまま保ってくれるコップのことです。

　　たろうさんは、冷蔵庫にあった飲み物を保冷コップに入れ、タブレット端末で宿題をしながら飲み始めました。30分くらい経ってから保冷コップに残っていた飲み物を飲んだら、注いだときと同じくらいの冷たさに感じてびっくりしました。以前、冷蔵庫にあった飲み物を保冷ではないコップに入れて、30分くらい経ってから飲んだときには、ぬるく感じたからです。

　　そこで、たろうさんは、「③保冷コップと保冷ではないコップとを比べて、保冷コップの中に入っている冷たい飲み物の温度があまり上昇しないこと」を、確かめてみようと思いました。

問１　下線部①について、水がこおる温度を書きなさい。ただし、バケツの中の水には何も混ざっていないものとする。

問２　下線部②について、暖房に設定された、エアコンの風向きを「下」にすると、部屋全体が暖まりやすい理由を書きなさい。

2024(R6) 高志中等教育学校
K教英出版

問3　下線部③について確かめるために、次の【実験道具】を使って、どのように、何を調べればよいか、書きなさい。
　　　ただし、使う必要がない実験道具は使わなくてかまいません。

【実験道具】

保冷コップ　　　　保冷ではないコップ　　　ストップウォッチ

計量カップ　　　室温の飲み物　　　冷たい飲み物　　　温度計

2 　　高志第一小学校6年生のはるかさんとじろうさんは、児童会役員で児童祭を担当しています。このことについて、次の文を読み、問1～問3に答えなさい。

　二人は児童祭の催し物を考えるため、8月に開催された、地域のお祭りに行きました。二人は①午後3時にお祭り会場で待ち合わせをしました。

　お祭りには、お店がたくさん出ていて盛り上がっていました。楽しい気分になって、②はるかさんは、お店でちょうど500円だけ使いました。

　はるかさんとじろうさんは、地域のお祭りを参考に、催し物A、B、Cを、それぞれ6年生1組、2組、3組で実施しました。

　また、それぞれの催し物に来てくれたお客さんが、どれくらい満足したか知りたくて、アンケートを行いました。アンケートの結果は、次のとおりでした。

【催し物A】	
4	15人
3	27人
2	10人
1	8人
合計	60人

【催し物B】	
4	8人
3	18人
2	7人
1	7人
合計	40人

【催し物C】	
4	13人
3	27人
2	8人
1	2人
合計	50人

　※　　4：大変満足した。
　　　　3：少し満足した。
　　　　2：あまり満足しなかった。
　　　　1：全然満足しなかった。

　じろうさんは、「4　大変満足した」人が最も多い「催し物A」がみんなに最も満足してもらえた催し物だと考えました。

　しかし、はるかさんは、「催し物A」について、「2　あまり満足しなかった」と「1　全然満足しなかった」を合わせた人数が最も多いため、じろうさんの意見に賛成できませんでした。そして、③催し物A、B、Cのアンケートの合計数が異なるから、人数だけでは比較できないと考えました。

（ア）	（イ）	（ウ）
（エ）	（オ）	

問2

（50字）

（80字）

問3

活用した資料番号	

（50）

（100）

（150）

（200）

答え　午後　　　時　　　分

問2

（すべてのお店の組み合わせ）

すべての組み合わせの数　　　通り

問3

【適性検査２】記入用紙

受検番号

（配点非公表）

1

問1

☐ ℃

問2

問3

2

問1

【適性検査１】記入用紙

受検番号 _____

（配点非公表）

1

問1

_____

問2

50

70

問3

引用した文章	

50

100

150

200

問1　下線部①について、じろうさんは自宅を自転車で出発して、午後2時50分にお祭り会場に到着しました。じろうさんが自宅を出発したのは、午後何時何分ですか。

　　　ただし、じろうさんの自宅からお祭り会場までの道のりは2400m、自転車の速さは分速300mであるとし、信号等の待ち時間はなかったものとする。

問2　下線部②について、はるかさんは次の表のア～エのお店で、ちょうど500円使いました。このときのお店の組み合わせをすべて書き、全部で何通りの組み合わせがあるかを答えなさい。ただし、お店の順序は考えないものとする。

　　　また、遊ばないお店があったり、1つのお店で何回遊んだりしてもよいこととする。

ア	イ	ウ	エ
金魚すくい	くじ引き	射的	ボールすくい
300円	100円	200円	200円

問3　催し物A、B、Cのうち、みんなに最も満足してもらえた催し物はどれだと、あなたは考えますか。下線部③を踏まえた上で、そのように考えた理由も含めて、書きなさい。

家庭部門と運輸部門における政令市の二酸化炭素排出量（2019年度）

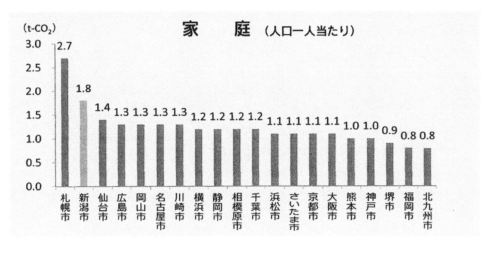

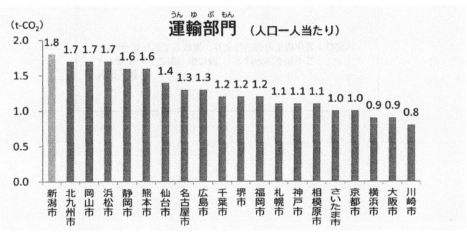

出典：私たちでつくる新潟の未来　小中学生用環境教育副読本

家庭から温暖化対策

出典：新潟日報 2022 年 2 月 24 日

や資料はあり

セッションは、両グループとも普通にパズルを解きました。第2セッションでは、1つのグループにパズルが解けるたびに報酬を与えることを約束しましたが、もう1つのグループには何もありません。第3セッションでは、第1セッションと同じように両グループともに普通にパズルを解くものでした。そして、どのセッションでもパズルが2問解けるたびにデシ教授は、もっともらしい言い訳をして8分間部屋を離れ、マジックミラー越しに大学生の様子を観察しました。大学生のいる実験室には雑誌やおもちゃが置いてあって、自由時間に好きなように使ってよいと伝えました。「実験の休憩時間に教師がいないときでもパズルに取り組む生徒は意欲が高い」のではとデシ教授は考えたのです。

君たちはどちらの大学生がより意欲的にこの実験に取り組んだと思いますか。報酬を与えられたほうでしょうか。それとも何も報酬がなかったほうでしょうか。ほとんどの人が想像するのと反対に、研究報告によれば報酬をもらっていた大学生は休憩時間になるとピタッとパズルを解くのをやめてしまったそうです。その一方、何も報酬がなかったほうの大学生は休み時間もパズルを解き続けたそうです。デシ教授は、時には脅してみたり、金銭の報酬であったりさまざまな「報酬」の形で何度も実験を試みました。しかし、驚くべきことに結果はすべて同じでした。つまり、める状況にあるときにフロー体験が起こりやすいのです。一度スイッチが入ったら、もうあれこれ考えることがなくなり、気付いたらあっという間に時間が過ぎ去っていたとなるのです。よく楽しい時間があっという間に過ぎてしまうのに、辛い時間はとてつもなく長いような感覚を経験しますよね。でも、時間はどんなときでも同じ早さで流れているので、時間の流れというのはあくまでも「私たちの感じ方」で早いとか遅いとかになるわけです。ですから、何かに取り組んでいるときに時間が早いと感じるのは集中しているときなのです。君たちは、学びを楽しんでいますか。

（『世界で大活躍できる13歳からの学び』高橋一也／主婦と生活社）より

※1　トピック…話題。また、話題となる出来事。

令和5年度　新潟市立高志中等教育学校　選考検査

適 性 検 査 1

検査時間　9:15〜10:00
（45分間）

［ 注　意 ］

1　「始めなさい。」と言われてから、開いてください。

2　「始めなさい。」と言われたら、「記入用紙」の「受検番号」欄に、受
検番号を書いてから、始めてください。

3　となりの人と話したり、用具の貸し借りをしたりしないでください。

4　ひとりごとを言ったり、わき見をしたりしないでください。

5　見にくいところがあったり、ページがとんでいたりしたら、だまって
手をあげてください。

6　鉛筆や消しゴムを落としたときは、だまって手をあげてください。

7　「やめなさい。」と言われたら、筆記用具を置き、指示にしたがってく
ださい。

8　問題冊子は全部で4ページです。問題冊子に、【資料】が2枚はさんで
あります。

★

【適性検査１】　あなたの考えを、「記入用紙」に書きましょう。

1　高志第一小学校の６年生では、総合的な学習の時間に、「超スマート社会※におけるコミュニケーションで大切なことは何だろうか」という学習課題を考えました。別紙の【資料１】、【資料２】は、この学級のたろうさんが、学習の参考にするために読んだ２冊の本の一部です。【資料１】、【資料２】を読み、問１～問３に答えなさい。

※超スマート社会…インターネットと現実社会が高度に結びついている社会。

問１　【資料１】の傍線部①「こんな厄介な現実世界」について、筆者は、どのようなことが厄介だと言っていますか。文章から書き抜きなさい。

問２　【資料２】の傍線部②「日々の生活が豊かになった」について、その理由を、「オンラインワークショップで、」に続く形で、７０字以内で書きなさい。

問３　たろうさんの学級では、「超スマート社会におけるコミュニケーションで大切なことは何だろうか」という学習課題に対して自分の考えを発表することにしています。あなたがたろうさんと同じ資料を読んだとしたら、どのように原稿を書きますか。以下の条件にしたがって書きなさい。

> 条件１　【資料１】と【資料２】を踏まえること。
> 条件２　あなた自身のインターネットを介したコミュニケーションの状況について述べたうえで、自分の考えを述べること。
> 条件３　次の書き出しに続けて書くこと。
> 　　　資料１・２を読んで分かったことは、…

このページに問題はありません。

次のページに進みなさい。

2 　　高志第一小学校の環境委員会では、全校からボランティアを募って海岸清掃活動を行うことにしています。環境委員であるさくらさんとたかしさんは、清掃活動に参加する児童の募集について話し合う中で、別紙の【資料３】～【資料５】を見つけました。二人の会話文と【資料３】～【資料５】を読み、問１～問３に答えなさい。

さくら：昨日の新聞に【資料３】の記事が載っていたよ。

たかし：記事には「県内沿岸では、年間約 1500～2200 トンのごみが回収されます。」とあるけれど、ものすごい量だね。

さくら：①新潟の沿岸には、海洋ごみが次々に流れ着きやすい特徴があるんだね。

たかし：海洋ごみの種類では、流木など、自然物の次に多いのがプラスチック類なんだね。

さくら：プラスチックごみは、人の営みによって出るごみだから、特に責任を感じてしまうね。次の海岸清掃活動では、プラスチックごみの回収に特に力を入れたいな。

たかし：賛成。記事には海岸でごみ拾いをしている久保田さんの取組が紹介されているけれど、本当に素晴らしいことだよね。

さくら：同感だよ。私たちも次の海岸清掃活動を成功させて、少しでも久保田さんたちの手助けになれるといいのだけれど。

たかし：そのためには、次の海岸清掃活動に、少しでも多くの人に参加してもらうことが大切だね。どうすれば清掃活動に賛同してもらえるかな。

さくら：②給食の時間に放送する「海岸清掃活動への参加者の募集」の内容を工夫して、説得力のある呼びかけをすればいいんじゃないかな。

たかし：そうだね。呼びかけに説得力をもたせるためには、まず、私たちがプラスチックごみの問題をよく理解していなければならないね。

さくら：改めて【資料３】～【資料５】をよく読んで、プラスチックごみの問題が自分たちの生活にどのように関わっていて、なぜ解決する必要があるのか、考えをしっかり整理するところから始めてみようよ。

1 【資料1】

身体をつなぎ合わせるためのイベントとして祭りなどがあるものの、これは一過性※1のものです。イベント志向の強い現代ではスポーツの大会やコンサートが各地で開催されますが、そこでいっしょに騒いでもそのつながりはその場限りです。イベントを継続させる大きな効果はもちません。共同体に、SNS※2がもてはやされているわけですが、それらは決して身体をつなぐ代替にはなっておらず、逆に疎外感※3をつくる結果となっています。

しかし、インターネットでつながることに慣れると、肌で接している現実の世界の自分より、スマホの中にいる自分のほうがリアリティをもつものになってしまう可能性があります。なぜなら、現実はなかなか自分の意図※4する※5ようにならないからです。思い通りにするには他者と交渉しなくてはいけない。そこでは他者からプレッシャーをかけられて泣くこともあるでしょう。①こんな厄介な現実世界より、自分の思い通りになるほうが、居心地がいい。スマホの世界は、面白くなければやめればいいし、振り出しに戻って繰り返すことだってできます。こういう世界に慣れると、どうしても現実よりスマホの世界にいたくな

1 【資料2】

オンラインの最大のメリットは、距離を簡単に超えられることです。

東京でワークショップ※6をやった場合、基本的には首都圏の子ばかり集まります。でも、オンラインなら、北海道の子と名古屋の子と沖縄の子が、なんの違和感※7もなく一緒に学ぶことができる。

例えば2020年の5月に実施した「野草さんぽ」のオンラインワークショップ。

身の回りのどんなところに野草が生きているかという動画を事前に用意しました。さらに「ざらざらの葉っぱを探してみよう」「ハート型の葉っぱを探してみよう」などと書かれたミッションシートも送った。動画を見た子どもたちはミッションシートを片手に、それぞれが近所で野草を探します。

近所での探索を終えた子どもたちがオンラインで集まるときは、見つけた野草について講師に質問をしたり、ほかの参加者と似たような野草を見つけていた場合は、どこか違うか写真を見ながら観察したりします。オンラインの場は、参加者同士の対話の時間になったわけです。

このページに

ません。

【資料3】
②

きれいな海 守ろう

2 【資料４】

| プラスチックごみ問題に関する世論調査の結果 |

■プラスチックごみ問題について国民の意識を把握するため、内閣府において世論調査を実施。

・期間：2019年8月22日～9月1日　・方法：調査員による個別面接聴取法

・対象：全国18歳以上の日本国籍を有する者（標本数：3,000人、有効回答数：1,667人）

〈プラスチックごみによる海の汚染について、どのようなことを知っていますか。〉

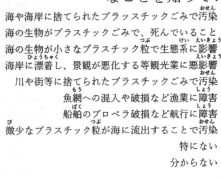
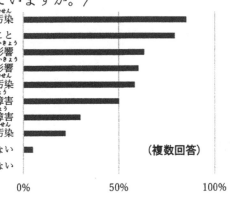

海や海岸に捨てられたプラスチックごみで汚染
海の生物がプラスチックごみで、死んでいること
海の生物が小さなプラスチック粒で生態系に影響
海岸に漂着し、景観が悪化する等観光業に悪影響
川や街等に捨てられたプラスチックごみで汚染
魚網への混入や破損など漁業に障害
船舶のプロペラ破損など航行に障害
微少なプラスチック粒が海に流出することで汚染
特にない
分からない
（複数回答）

0%　　　50%　　　100%

〈現在、心がけていないことで、今後、新たに取り組んでみたいことはなんですか。〉

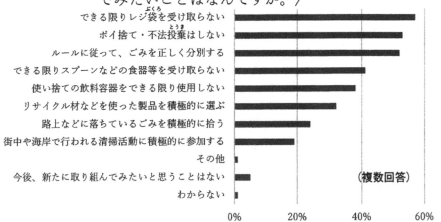

できる限りレジ袋を受け取らない
ポイ捨て・不法投棄はしない
ルールに従って、ごみを正しく分別する
できる限りスプーンなどの食器等を受け取らない
使い捨ての飲料容器をできる限り使用しない
リサイクル材などを使った製品を積極的に選ぶ
路上などに落ちているごみを積極的に拾う
街中や海岸で行われる清掃活動に積極的に参加する
その他
今後、新たに取り組んでみたいと思うことはない
わからない
（複数回答）

0%　　20%　　40%　　60%

中央環境審議会循環型社会部会プラスチック資源循環小委員会、産業構造審議会産業技術環境分科会廃棄物・リサイクル小委員会プラスチック資源循環戦略ワーキンググループ合同会議（第3回）プラスチックを取り巻く国内外の状況　参考資料集より

問1　【資料3】の破線部(……)について、「今のペースで増え続けると『2050年には海の中の魚よりもプラごみの重量の方が大きくなる』という予測もあります。」とありますが、海中のプラスチックごみが増え続ける理由は、【資料3】にどのように書かれていますか。2つ書きなさい。

問2　会話文の下線部①について、新潟の沿岸に海洋ごみが流れ着きやすい理由は、【資料3】にどのように書かれていますか。80字以内で書きなさい。

問3　会話文の下線部②について、あなたが環境委員だとしたら、全校児童にどのように呼びかけますか。以下の条件にしたがって書きなさい。ただし、清掃活動の日時や服装などの具体的な連絡は、ここでは必要ありません。

条件1　会話文と【資料3】～【資料5】を踏まえること。
条件2　環境委員会が、給食の時間に放送で呼びかける「海岸清掃活動への参加者の募集」の原稿として書くこと。
条件3　次の書き出しに続けて、200字以内で書くこと。
　　　環境委員会では、海岸清掃のボランティア活動を計画しています。なぜ海岸清掃を行うことにしたかというと、…

このページに問題や資料はありません。

K教英出版

このページに問題や資料はありません。

K 教英出版

令和5年度　新潟市立高志中等教育学校　選考検査

適 性 検 査 2

検査時間　10：20〜11：05

（45分間）

[注　意]

1　「始めなさい。」と言われてから、開いてください。

2　「始めなさい。」と言われたら、「記入用紙」の「受検番号」欄に、受検番号を書いてから、始めてください。

3　となりの人と話したり、用具の貸し借りをしたりしないでください。

4　ひとりごとを言ったり、わき見をしたりしないでください。

5　見にくいところがあったり、ページがとんでいたりしたら、だまって手をあげてください。

6　鉛筆や消しゴムを落としたときは、だまって手をあげてください。

7　「やめなさい。」と言われたら、筆記用具を置き、指示にしたがってください。

【適性検査２】　あなたの考えを、「記入用紙」に書きましょう。

1　　高志第一小学校６年生のたろうさんとさとみさんは、８月のある日、夏の暑さを和らげる過ごし方を話題にする中で、グリーンカーテンの効果について考えています。二人の会話文を読み、問１〜問３に答えなさい。

たろう：今日も本当に暑いね。熱中症予防のためにも、エアコンは欠かせないよね。

さとみ：そうだね。でも、私の家では、エアコンにばかり頼らずに涼しく過ごす工夫もしているよ。

たろう：どんな工夫をしているの。

さとみ：家の前の道に打ち水したり、リビングの窓にはグリーンカーテンをしたりしているよ。

【図１】打ち水

【図２】グリーンカーテン

たろう：グリーンカーテンって、ヘチマやゴーヤなどのつるを伸ばす植物を、日よけになるように窓の外で育てるんだよね。この町でも結構見かけるけれど、そんなに涼しくなるのかな。

さとみ：その質問には、ちょうどよい資料があるよ。弟が夏休みの自由研究で、我が家のグリーンカーテンの効果を調べたんだ。

さとみさんは、たろうさんに次のページの【資料１】を見せました。

たろう：気温がこんなにも違うなんて、グリーンカーテンの効果は大きいんだね。

さとみ：①窓の外に布などを張って日よけにした時とは違うってことだよね。

たろう：②なぜグリーンカーテンを設置すると涼しくなるのだろう。

さとみ：きっと植物ならではの働きが関係しているんじゃないかな。

たろう：植物の働きというと、理科の時間に習ったのは、二酸化炭素を吸収して酸素を出すこと、デンプンを作ること、蒸散、の3つだったと思うけれど…。

【資料1】　さとみさんの弟が行った実験の結果

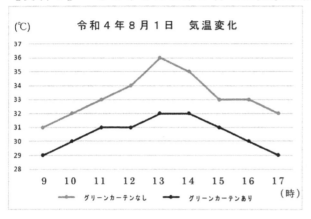

○当日の天候：晴れ

○実験で使用した部屋

・窓が南向きの2部屋で、一方はグリーンカーテンを設置、他方は窓の外に何も設置しない。

○実験方法

・それぞれ同じように窓を開けて風を通した状態で、1時間ごとに部屋の気温を記録。

問1　【資料1】で、グリーンカーテンがある場合とない場合を比較して、部屋の気温の差が最も大きいのは何時ですか。また、そのときの気温の差は何度ですか。

問2　会話の中で、さとみさんは、【資料1】をもとに下線部①のように言っています。【資料1】をもとにすると、あなたは下線部①のことが言えると思いますか。また、その理由は何ですか。70字以内で書きなさい。

問3　下線部②について、グリーンカーテンを設置することで部屋の気温が下がる理由を、120字以内で書きなさい。ただし、部屋の窓は開けてあり、風が通る状態であるとします。

図の出典

【図1】：葛飾区ホームページ（https://www.city.katsushika.lg.jp/）より
【図2】：愛知県ホームページ（https://www.pref.aichi.jp/soshiki/）より

- 2 -

② 　高志第一小学校では、毎年、「長縄八の字とび大会」が行われています。スポーツ委員のたかしさんとさくらさんは、今年の大会の企画や運営について話し合っています。二人の会話文を読んで、問１〜問３に答えなさい。

たかし：最初にルールを確認したいのだけれど、今年も【資料１】の去年のルールと同じでいいかな。

【資料１】　去年のルール
・１年生から６年生の学年混合班による対抗戦。
・競技の制限時間は３分間。
・制限時間内にとべた回数で競う。縄に引っかかっても、制限時間内であれば続けてとんでよい。
・大会は、１回目と２回目を別の日に行い、１回目と２回目のとんだ回数の合計が最も多い班を優勝とする。

さくら：同じでいいと思う。①大会の終了時刻は１３時２５分と決まっているから、給食後、すぐに始めないといけないね。

たかし：時間内に手際よく運営できるか、私たちの腕の見せ所だね。②先生からは３０班で計画するようにと指示があったけれど、１つの班は何人ずつになるかな。

　　二人の話題は、大会をどのように盛り上げるかに移りました。

さくら：去年のスポーツ委員会の反省の中に、「２回の大会の、とんだ回数の合計で決める優勝の他に、１回目から２回目の、とんだ回数の増え方が最も大きい班にも特別賞をあげてはどうか」というアイディアがあったけれど、これで大会がもっと盛り上がらないかな。

たかし：いいね。そのアイディアを採用しよう。特別賞の名前は「がんばった賞」がいいかな。ところで、「１回目から２回目の、とんだ回数の増え方が最も大きい」って、「２回目にとんだ回数から、１回目の回数を引いた数で比べる」という意味でいいんだよね。

さくら：そこはいろんな考え方があると思うよ。私は「２回目にとんだ回数が、１回目の何倍になっているか」で比べる方がいいと

2023(R5) 高志中等教育学校
K教英出版

・

・

問2

```
                                                                    50
                                                        │80
```

問3

環	境	委	員	会	で	は	、	海	岸	清	掃	の	ボ	ラ	ン	テ	ィ	ア	活	動	を	計	画	し
て	い	ま	す	。	な	ぜ	海	岸	清	掃	を	行	う	こ	と	に	し	た	か	と	い	う	と	、

(50 / 100 / 150 / 200)

（求め方）

答え

問3

賛成する考え (一つを○で囲みなさい)	たかしさん　　さくらさん
（理由の説明）	

【適性検査２】 記入用紙

1

問1

時刻		気温差	

問2

50

70

問3

50

100

120

2

問1

【適性検査1】記入用紙

（配点非公表）

1

問1

問2

オ	ン	ラ	イ	ン	ワ	ー	ク	シ	ョ	ッ	プ	で	、						
																				36
								70											

問3

資料１・２を読んで分かったことは、

思う。

たかし：なるほど。「がんばった賞」をどちらの考えで決めても成り立つとは思うけれど、2つの考え方の違いをはっきりさせた上で、この新しい賞をみんなに説明できるようにしたほうがいいよね。

問1　下線部①について、大会は昼休みに行い、1回の大会を行うためには、最大で35分間必要です。13時25分には大会を終えるためには、遅くとも何時何分に大会を始めなければなりませんか。

問2　下線部②について、今年の児童数は全校で492人です。それぞれの班ができるだけ同じ人数になるようにして、全校で30個の班をつくることにすると、何人の班がいくつできますか。求め方と答えを書きなさい。

問3　「がんばった賞」の決め方で、たかしさんとさくらさんの考えは次の【表1】のように分かれています。

【表1】　たかしさんとさくらさんの考え

たかしさんの考え	さくらさんの考え
2回目の記録が、1回目から何回増えたかを班ごとに計算し、その数の大きさで順位を付ける。	2回目の記録が、1回目の何倍になっているかを班ごとに計算し、その数の大きさで順位を付ける。

あなたはどちらの考えに賛成ですか。また、その理由を、次の【表2】の数を使って、具体的に説明しなさい。

【表2】　去年の記録の一部

班	1回目	2回目
A	160回	200回
B	80回	116回

K 教英出版

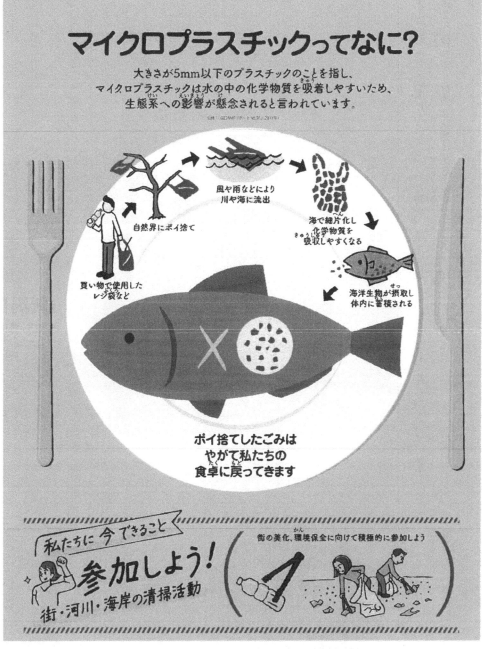

横浜市ホームページ(https://www.city.yokohama.lg.jp/)より

（注）

※1 漂着…水面にただよっていた物が、潮流や風によって流されて岸につくこと。流れつくこと。

※2 脅かす…危険な状態にする。危うくする。

（新潟日

令和4年9月19日　新潟日報　朝刊より

や資料はあり

りますが、若い人たちの適応能力は非常に高い。とりわけ子どもたちの適応能力の高さには目を見張るものがあります。スマホでのやりとりにもすぐに適応してしまう。生まれたときからスマホが身近にある子どもたちは、自分が操作できるスマホの世界がリアルになり、スマホ以外の現実が二の次になってしまう可能性がある。ここにこそぼくの不安があります。

（『スマホを捨てたい子どもたち』
山極寿一／ポプラ社）より

（注）
※1　一過性…現象が一時的ですぐ消えること。
※2　代替…他のものでかえること。
※3　疎外感…排除されているという感覚。
※4　厄介な…めんどうな。
※5　目を見張る…感心したり驚いたりして、目を大きく見開くこと。

する）という絶滅危惧種だったという驚きの展開もありました。

「自分の近所にだって、珍しい野草があるに違いない」

ワークショップ終了後、もう一度野草を探しに出かけたり、日頃から道を歩くときに野草を探すようになったという報告を何例も受けています。

これまではただの散歩にすぎなかったものが、アドベンチャーに一変した。だから、ワークショップが終わっても、子どもたちは探求を続けるのでしょう。道端の草を見る目が変わって、日々の生活が豊かになったわけです。

②賢い子はスマホで何をしているのか

石戸奈々子／日本経済新聞出版本部）より

（注）
※6　ワークショップ…参加者の主体性を重視した体験型の講座、グループ学習、研究集会のこと。
※7　違和感…しっくりいかない感じ。
※8　飛騨高山…岐阜県にある地名。
※9　絶滅危惧種…絶滅の危機にある生物種。

K 教英出版

令和4年度　新潟市立高志中等教育学校　選考検査

適 性 検 査 1

検査時間　9：15〜10：00
（45分間）

［ 注　意 ］

1　「始めなさい。」と言われてから，開いてください。

2　「始めなさい。」と言われたら，「記入用紙」の「受検番号」欄に，受
　検番号を書いてから，始めてください。

3　となりの人と話したり，用具の貸し借りをしたりしないでください。

4　ひとりごとを言ったり，わき見をしたりしないでください。

5　見にくいところがあったり，ページがとんでいたりしたら，だまって
　手をあげてください。

6　鉛筆や消しゴムを落としたときは，だまって手をあげてください。

7　「やめなさい。」と言われたら，筆記用具を置き，指示にしたがってく
　ださい。

【適性検査１】　あなたの考えは，「記入用紙」に書きましょう。

1 　　高志小学校の６年１組の国語の時間です。図書室でいろいろな詩を読んで，自分の好きな詩を選び，その魅力とともに，グループの仲間に紹介する学習をしています。
　　たかしさんは，大木実さんの「前へ」という詩が心に残り，これを紹介しようと考えています。大木実さんや，この詩について調べていたら，詩人の川崎洋さんの『ひととき詩をどうぞ』という本に，大木さんの「前へ」が取り上げられているのを見つけました。それを読むと，よく分からないところがあったので，同じグループの春子さんに相談しています。二人の会話文と別紙の【資料】を読み，問１～問３に答えなさい。

たかし：僕はこの詩を読んだときに，がんばろうって気持ちになれるのがいいなあと思ったよ。川崎さんの文章を読んでいると，その理由が少し分かったような気がするんだけれど，うまくまとめられないんだ。

春　子：たかしさんは，川崎さんの文章のどこにその理由が書いてあると感じたのかな。

たかし：「①そうした思いが深くこもっているからこそ，大木さん自身を励ます詩が，わたしたちをも励ますのだと思います」というところかな。

春　子：そうね。でも，「そうした思い」ってどういう思いのことかな。

たかし：僕は最後の３行のところだと思うよ。

春　子：私は「単に，『希望を失うな』とか，『常に前へ進め』というだけでは，少なくともわたしの心は揺れません」というところにも共感するよ。

たかし：たしかにそうだね。「人の心を打つのは，実は単純なことなんだ，ふっとそんな気がします」。この部分がうまく自分の言葉にできると，この詩の魅力を伝えることができそうだな。

2022(R4) 高志中等教育学校
Ｋ 教英出版

問1　傍線部①「そうした思い」を40字以内でまとめなさい。

問2　「人の心を打つのは，実は単純なことなんだ」という川崎洋さんの言葉を手がかりに，この詩の魅力について60字以内でまとめなさい。

問3　川崎洋さんが，この文章の中で，「前へ」という詩の魅力を読者に分かりやすく伝えるために工夫していることを2つあげなさい。それぞれ，10字以上20字以内でまとめなさい。

2　高川小学校の環境委員長の麻子さんと副委員長の太郎さん，ひろしさんの三人が，次の委員会でどのような活動をするか計画を立てています。その際，災害と水について話が進みました。三人の話合いを読んで，問1，問2に答えなさい。

麻　子：私たちが生まれる前にも，日本では何度も大きな地震が起こっていたんだね。1995 年に起きた阪神・淡路大震災のとき，水がなくて困ったという話を聞いたよ。

太　郎：そうだね。避難所にかぎらず，飲み水はもちろんだけど，手やものを洗ったり，トイレで使ったりする水がなくて大変だったという被災者の方の話を聞いたことがあるな。

ひろし：去年台風で，停電と断水があった時は，僕の家もトイレが使えなくて不便だったよ。僕の家は，幸い浴槽に水があったからそれを使うことができたけれど，浴槽の水がなかったらと思うとぞっとするよ。

麻　子：そうね。失うと分かることってあるよね。それはそうと，私たちは1日でどれくらいの水を使うのかな。

太　郎：日本人1人が1日に使う水の量は 300 リットル位だって聞いたことがあるよ。

麻　子：そんなに使っているのね。私たちは，普段から不自由なく水を使っているけれど，世界中には水不足で困っている地域がたくさんあるそうだよ。この【写真】を見て。これは，生活で使う水をくみに行く女の子の写真なんだって。

【写真】

Think Daily ホームページ
(http://www.thinktheearth
.net/jp/)より

ひろし：この女の子はどれくらいの水を背負っているんだろう。

麻　子：このタンクには 20 リットル位の水が入るそうだから，とても重いと思うよ。これを往復6時間かけて運ぶんだって。そのため，学校へ行って勉強する時間がないそうだよ。

ひろし：世界には，安全な水が簡単には手に入らないので，水をくむために学校に行けない子どもがいるんだね。

物語は終っても、僕らの人生は終らない。

僕らの人生の不幸は終りがない。

希望を失わず、つねに前へ進んでいく、物語のなかの少年ルミよ。

僕はあの健気なルミが好きだ。

大木さんの年譜を見てハッとしたのですが、大木さんは七歳でお母さんと死に別れ、十一の時、大震災で義母に当る方と弟さんと妹さんを失うという目にあっていらっしゃる。

また、たとえば、年譜の昭和十六年（二十八歳）のところには、こう記されています。

結婚。同年末召集をうける。終戦の翌年春サイゴンから復員。同年東京から埼玉へ転居。二三年（三五歳）から大宮市役所へ勤め、その後二七年間地方公務員として後半生を過ごす。その前半は貧乏と病気で苦しんだ。

大人になってからも大木さんは、折につけ、「家なき子」を思い出し、詩の中にあるように、

辛いこと、厭なこと、哀しいことに、出会うたび、

僕は弱い自分を励ます。

――前へ。

いうことだったのではないでしょうか。だからこそ、①そうした思いが深くこもっているからこそ、大木さん自身を励ます詩が、わたしたちをも励ますのだと思います。

単に、「希望を失うな」とか、「常に前へ進め」というだけでは、少なくともわたしの心は揺れません。「家なき子」の結びのことばに作者が感動した、そこから生まれた詩であればこそ、む側に伝わってくる、そして励まされるものがあるのだと思うわけです。

人の心を打つのは、実は単純なことなんだ、ふっとそんな気がします。

《『ひととき詩をどうぞ』　川崎　洋／筑摩書房》より

(注)　※3　年譜…個人一代の履歴を年代順に記した記録。

※4　召集…戦時などに在郷軍人を軍隊に呼び出し集めること。

※5　復員…召集を解かれた兵士が帰郷すること。

太　郎：そういえば，前にテレビで，開発途上国の子どもたちに対して様々な支援が行われているって言ってたよ。僕たちにもきっと協力できることがあるはずだよね。

ひろし：そうだね。それを全校の活動にできないかな。

麻　子：いいね。でも，水の確保に苦しむ子どもがいるってことを知っている人は少ないと思う。まずは全校のみんなにこの事実を知ってもらわないと。

ひろし：ただ事実を伝えるだけだと，活動に参加しようとは思ってもらえないよね。みんなに興味をもってもらい，「協力したい」と思わせる工夫が必要だと思うな。

太　郎：それに，学年によっても伝え方は変えた方がよさそうだよね。高学年のみんなは，データやグラフを見れば内容を理解してくれると思うけれど，低学年には少し難しいと思うな。興味をもってもらうことも大切だけれど，情報を正確に伝えるのも大切だよ。

麻　子：明日の環境委員会で，どのように伝えれば，全校のみんなからも活動に協力してもらえるか，委員からアイデアを募集してみましょう。

問1　三人の話合いの中で話題となっている水に関する問題において，解決しなければならない課題はどのようなことですか。箇条書きで2つ書きなさい。

問2　環境委員会では，開発途上国の子どもたちへ支援活動を行うこととなりました。みんなで，【資料1】から【資料6】を集めました。環境委員であるあなたは，低学年に説明する担当となりました。低学年に分かりやすく伝えるには，どのように伝えたらよいですか。次の条件に従って書きなさい。

条件1　【資料1】から【資料6】のうち，1つか2つを選び材料として使うこと。

条件2　環境委員会の話合いの場面で発言しているように書くこと。

条件3　170字以上200字以内で書くこと。

【資料1】日本人の生活用水使用量の推移

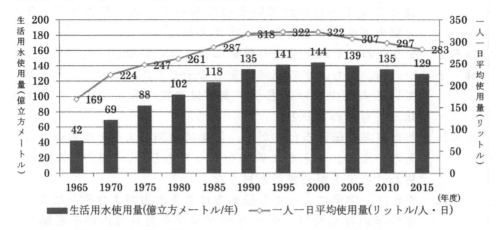

国土交通省ホームページ(https://www.mlit.go.jp/)より

【資料2】東京都の家庭での水の使われ方

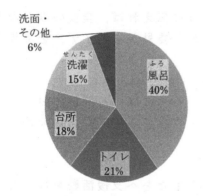

東京都水道局「平成 27 年度一般家庭水使用目的別実態調査」より

【資料3】安全な水資源を利用できる人口の割合

JICAホームページ(https://www.jica.go.jp/)より

【資料４】世界の人々の，飲み水へのアクセス状況

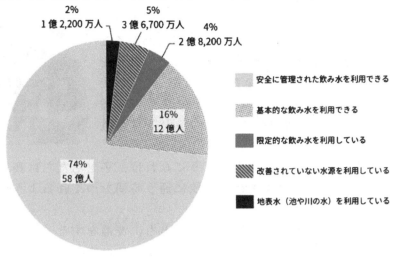

2%
1億2,200万人

5%
3億6,700万人

4%
2億8,200万人

16%
12億人

74%
58億人

凡例：
- 安全に管理された飲み水を利用できる
- 基本的な飲み水を利用できる
- 限定的な飲み水を利用している
- 改善されていない水源を利用している
- 地表水（池や川の水）を利用している

ユニセフ　ホームページ(https://www.unicef.or.jp/)より

【資料５】　一日のほとんどを水くみに費やす

　水くみ場と家との距離にもよりますが，一日に８時間以上の水くみを必要とする子どもも存在し，活動できるほとんどの時間を水くみに費やしているのです。水くみに４往復と考えても１往復で２時間以上となり，１km の往復はおよそ 30 分程度と換算しても片道４km 先の水場まで水くみをしなければいけないことになります。しかもただ歩くだけでなく，重い水を持って帰ってこなければなりません。それを毎日行わなければいけないのです。夏には炎天下の中でも子どもが行うことから，子どもの体力を考えると過酷な上に危険を伴う作業になります。

　子どもが任されているのは水くみだけではなく，幼い兄弟の世話や家事の手伝いなどもあるため，それだけで１日が終わってしまいます。ただでさえ水くみや家事に時間を取られる上に，農村に学校がなく，勉強するために学校まで長い距離を通学しなければいけないという理由で，学校へ行くことができない子も少なくありません。どれだけ本人が勉強したいと望んでも，満足に教育を受ける環境が整っていない場合が多いのが現状です。

　ユニセフ　ホームページ(https://www.unicef.or.jp/)
　および gooddo マガジン(https://gooddo.jp/magazine/)より

【資料６】　清潔な水がもたらす希望

　　清潔な水が手に入るようになることで，子どもたち
は，汚れた水でお腹をこわしたり，感染症にかかるこ
とがなくなり，健康状態が改善します。石けんで手を
洗うだけでも，下痢性疾患になるリスクを 40％以上
も減らすことができるほか，肺炎などの急性呼吸器
感染症や寄生虫，皮膚病や眼の病気にかかる危険性
も減らすことができます。

©UNICEF / HQ07-1374 / Pirozzi

　　そして，家の近くで水が手に入るようになれば，子どもたちは長い道
のりを歩く水くみからも開放され，学校に通う時間をつくれるようにな
ります。

　　清潔な水がたくさんあれば，体を洗うことも，洗濯をすることも，料
理をすることも，野菜を育てることもできるようになり，人々の生活を
大きく変えることができるのです。

　　　ユニセフ　ホームページ(https://www.unicef.or.jp/)より

Ｋ教英出版

令和4年度　新潟市立高志中等教育学校　選考検査

適 性 検 査 2

検査時間　１０：２０〜１１：０５

（４５分間）

［ 注 意 ］

1　「始めなさい。」と言われてから，開いてください。

2　「始めなさい。」と言われたら，「記入用紙」の「受検番号」欄<ruby>欄<rt>らん</rt></ruby>に，受
検番号を書いてから，始めてください。

3　となりの人と話したり，用具の貸し借りをしたりしないでください。

4　ひとりごとを言ったり，わき見をしたりしないでください。

5　見にくいところがあったり，ページがとんでいたりしたら，だまって
手をあげてください。

6　<ruby>鉛筆<rt>えんぴつ</rt></ruby>や消しゴムを落としたときは，だまって手をあげてください。

7　「やめなさい。」と言われたら，筆記用具を置き，指示にしたがってく
ださい。

【適性検査２】　あなたの考えは，「記入用紙」に書きましょう。

1　　高志小学校６年生の花子さんとただしさんは，春の校外学習で，近くの公園の草花を調べています。次の会話文を読んで，問１〜問３に答えなさい。

花　子：わあー，きれい。タンポポがたくさん咲いているね。
ただし：日本の春の花というと，桜とタンポポだね。

　　　　二人の会話を聞いていた山本先生が，次のように教えてくださいました。

山　本：タンポポは，代表的な日本の春の花だね。でもね，実はこのあたりのタンポポのほとんどはセイヨウタンポポで，海外からやってきたものなんだよ。
花　子：えっ，そうなんですか。
ただし：もともと日本にはタンポポは生えてなかったのですか。
山　本：ニホンタンポポは昔から日本にあったけれど，今はセイヨウタンポポや，ニホンタンポポとセイヨウタンポポの雑種が多くなってしまったんだ。
ただし：「雑種」ってなんですか。
山　本：ニホンタンポポとセイヨウタンポポが交配※１して，生まれたタンポポのことだよ。
花　子：先生，このあたりにも，ニホンタンポポは生えているのですか。
山　本：そうだね。少し探してみようか。

　　※１　交配…受精・受粉すること。

　　　　山本先生は，タブレット端末で，ニホンタンポポとセイヨウタンポポの画像を二人に見せました。

山　本：【写真１】がニホンタンポポ，【写真２】がセイヨウタンポポだけど，違いは分かるかな。ただし，２枚の写真で花の大きさが違って見えるけれど，本当は同じ位の大きさだよ。

【写真１】

【写真２】

　花子さんとただしさんは，２枚の写真で違いを確認した上で，ニホンタンポポを探しましたが，見つかりませんでした。二人は，なぜ，ニホンタンポポが見つからなかったのか疑問に思い，調べてみることにしました。
　図鑑やインターネットで調べると，【資料】(P3〜P6)のようなことが分かりました。

問１　【写真１】と【写真２】のタンポポを比べ，違いを３つあげなさい。また，その違いの中で，ニホンタンポポを探すときに一番よい手がかりとなるのはどれだと思いますか。その理由も書きなさい。

問２　インターネットで調べていたただしさんは，ニホンタンポポとセイヨウタンポポの綿毛の違いについて調べた実験を見つけ，次の調査カードを書きました。

綿毛の違いを調べる実験（どちらの綿毛が長い時間浮いているか）
ＡとＢの綿毛を２ｍの高さから同時に落とし，床に落ちるまでの時間を計る実験を，綿毛を換えながら10回行った。床に落ちるまでの時間の，10回の平均は，Ａは5.8秒　Ｂは7.2秒だった。

　ところが，この調査カードを作成する時に記録を忘れたため，ＡとＢの綿毛の，どちらがニホンタンポポでどちらがセイヨウタンポポか，分からなくなりました。【資料】をもとにすると，Ａ，Ｂのどちらがニホンタンポポの綿毛と考えられますか。また，そう考えた理由を100字以内で書きなさい。

問３　【資料】をもとにして，ニホンタンポポが減少してきた理由を200字以内で書きなさい。

【資料】花子さんとただしさんの調査カード（二人が調べたことをまとめたもの）

1 　種類豊富な在来種のタンポポ

　日本はタンポポの種類が豊富な地域で，人里から高山まで，在来種のタンポポ（ニホンタンポポ）は15〜20種ほどに分類される。それらの中でも，人里に生えるカントウタンポポやカンサイタンポポは，ごく身近な存在である。

2 　外来種の「セイヨウタンポポ」はいつ頃から日本に生えているか

　セイヨウタンポポの原産地はヨーロッパである。セイヨウタンポポが日本に持ち込まれた正確な時期ははっきりしないが，明治初期の書物には，その姿がはっきりと描かれている。記録として重要なのが，植物学者・牧野富太郎博士による報告（1904年）である。その中で，牧野博士はセイヨウタンポポが北海道に定着していることを示し，いずれ日本中に分布を広げるだろうと予想している。

3 　タンポポ調査について

　1970年代から，主にセイヨウタンポポや在来種タンポポ（ニホンタンポポ）などの分布調査，いわゆるタンポポ調査が始まる。タンポポ調査によって，在来種タンポポやセイヨウタンポポの分布域が明らかになった。
　① 　里山のような昔ながらの土地には，在来種タンポポが分布
　② 　宅地開発など都市化により造成された土地には，セイヨウタンポポが
　　　分布
　例えば，在来種タンポポが生育するような里山の土地には，ブルドーザーが入り，次々と土壌がはぎ取られていった。そこに生じた裸地では，土壌ごと植物もはぎ取られ，在来種タンポポは生育地を奪われていった。一方で，セイヨウタンポポは新たな裸地に入り込むことができた。交代現象の主な原因は，駆逐※2ではなく，都市化に伴う生育地の変化によるものだと考えられるようになった。
　※2 　駆逐…おいはらうこと。

4　繁殖 方法の違い

○　ニホンタンポポ … 受粉して種子が実る。しかし，自分の花粉では種子
　が実らないという性質をもつので，子孫を残すには同種のタンポポの「群
　れ」と花粉を運ぶ昆虫が必要となる。
○　セイヨウタンポポ … 受粉せずに種子が実る。種子は，風に吹かれて，
　次なる裸地へ入り込むようにして分布を広げていく。

5　ニホンタンポポ（カントウタンポポ）の生えている様子

　　A公園の原っぱにはタンポポがいっぱい
生えているが，種類を確認するとどれもカ
ントウタンポポだった。セイヨウタンポポ
は一つも見つけられなかった。
　　道端ではセイヨウタンポポしか見かけな
いのに，A公園はカントウタンポポだらけ
というのが意外だった。

6　ニホンタンポポ特有の生態（ロゼットについて）

　　タンポポはロゼットといって，地面を這うよう
に低く葉を広げる。だから夏になると背の高い他
の植物に覆われて光合成ができなくなる。
　　ニホンタンポポは，夏になると葉を落としてエ
ネルギーを節約したり，夏を避けて発芽し，周り
の草が枯れ始めてから日光を浴びたりすることが
できるので生存しやすい。
　　セイヨウタンポポにはこれらの特性がないの
で，こういう里山や野原には入りにくいといわれ
ている。

7　セイヨウタンポポの生えている様子

　少し荒れた田んぼの中，あぜ道，道端の土手付近，空き地などで多く見られる。鮮やかな黄色がひときわ目に付く。密集して咲いてはいないが，ほど良い間隔で咲いていることが多い。

　左の写真は，道路の脇に咲いているセイヨウタンポポの様子。
　気をつけて見るといろいろなところにタンポポが咲いているが，それらはみんなセイヨウタンポポのようだった。

8　雑種タンポポについて

　1980年代になると雑種タンポポが出現する。雑種タンポポは外見はセイヨウタンポポに似ているが，それら雑種は，セイヨウタンポポと在来種タンポポとの交雑※3から生まれることが分かっている。
　実は，これまでの研究から，セイヨウタンポポの花粉が在来種タンポポの雌しべに受粉すると，まれに雑種が生まれることが分かっている。
　環境省が実施した第6回・緑の国勢調査（2001年）で，全国の市民によって集められたサンプルを使い，遺伝的な研究が行われた。その結果，日本各地に雑種タンポポが広がり，セイヨウタンポポに似たタンポポのうち，85％が雑種タンポポだと明らかにされた（その後の研究により，雑種タンポポの比率は76％ほどである可能性が示唆※4されている）。雑種タンポポは，特に東京や大阪，名古屋といった都市部で多く見られたが，東北地方や北海道では，雑種タンポポはまだ少なく，セイヨウタンポポが多いことも分かった。
　※3　交雑…動物や植物などの異なる種類のものを掛け合わせて雑種を作ること。
　※4　示唆…それとなく示すこと。

問1

1つめの課題	
2つめの課題	

問2

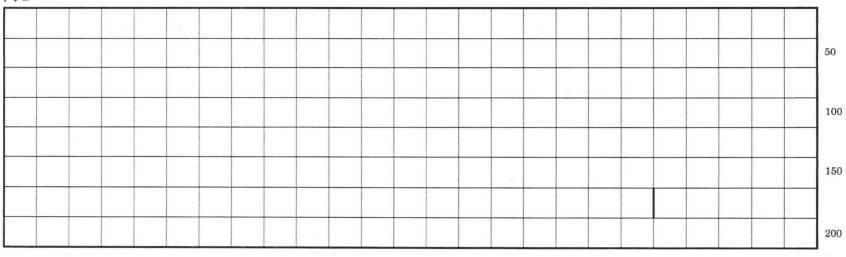

問4

受検番号	

2

問 1

問 2

問 3

（1 回めの値か〇め）　　（2 回めの値か〇め）

【適性検査2】記入用紙（その1）　　　　　　　　　（配点非公表）　　受検番号 ☐

1

問1

①	
②	
③	

一番よい手がかりとなる違い 上の①～③の違いから1つ選び，その番号を記入	
（理由）	

問2

ニホンタンポポの記号	

（理由）

（50字／100字の原稿用紙）　　50　　100

問3

【適性検査１】 記入用紙　　　　　　　　　　　　（配点非公表）　　受検番号　☐

1

問1

| | | | | | | | | | | | | | | | | | | | | | | | | 25 |

40

問2

| | | | | | | | | | | | | | | | | | | | | | | | | | | 50 |

60

問3

| 1つめの工夫 | | | | | | | | | | | | | | | | | | | |
| 2つめの工夫 | | | | | | | | | | | | | | | | | | | |

10　　　　　　　　　　　　　　　　　　　　　　　　20

（出典及び参考資料）

・木のぬくもり森のぬくもり
（http://www.jugemusha.com/yasou-zz-kantoutanpopo.htm）

・タンポポの種子
（http://www.ricen.hokkaido-c.ed.jp/ht/231seibutsu_jikken/
2304_tannpopo2003/d~tyousa-kenkyu/syusi-sankou/syusi-sankou.html）

・NHK for school 「タンポポ　外来種と在来種　中学」（https://www.nhk.or.jp/school/）

・在来種タンポポはなぜ減少したのか（https://buna.info/article/3704/）

・気ままに自然観察－ロゼット図鑑－
（http://midori.eco.coocan.jp/kimama/rozetto/kantoutanpopo.html）

・あうるの森　貝殻拾い・木の実拾い・散歩で見つけた色々
（https://owlswoods.cocolog-nifty.com/blog/2014/05/post-eb0b.html）

・ふるさと種子島（http://www.furusato-tanegashima.net/index.html）

2 　次の次郎さんと夏子さんの会話文を読んで，問１～問４に答えなさい。

次　郎：僕は分数の計算が苦手でよく分からないんだ。小数があれば分数は必要

　　　　ないと思う。例えば $\frac{1}{2}+\frac{1}{5}$ の計算は 0.5＋0.2 と考えれば 0.7 で，

　　　　分数を使わなくても計算できる。

夏　子：確かに $\frac{1}{2}+\frac{1}{5}$ の計算の場合はうまくいくけれど，$\frac{2}{3}+\frac{3}{7}$ のような計

　　　　算の場合はうまくいかないよ。①なぜうまくいかないのか説明するね。

　　　夏子さんの説明に，次郎さんも納得した様子です。

次　郎：本当だ。小数ではうまくいかない。

夏　子：だから分数で計算する必要があるんだよ。そのときには通分が必要だ。

次　郎：そういえば，分母の違う分数どうしのたし算の場合は通分する必要があ

　　　　ったよね。ところで，通分ってなぜ必要なのかな。

夏　子：説明するよ。まず，$\frac{2}{3}+\frac{3}{7}$ で答えが求められる問題を作ってみましょう。

┌───┐
│ 夏子さんが作った問題   │
│ 　丸いピザ があります。このピザ $\frac{2}{3}$ 枚と，$\frac{3}{7}$ 枚を合わせるとピザ何枚分に │
│ なりますか。   │
└───┘

夏　子：次に，②この問題を使って，分母の違う分数どうしのたし算では通分が
　　　　必要な理由を説明するよ。

　　　夏子さんは次郎さんの疑問に丁寧に答えました。

次　郎：なるほど。通分が必要な理由が分かった。

夏　子：じゃあ，分数どうしのわり算の計算の仕方は覚えてるかな。

次　郎：分数どうしのわり算の計算も通分する必要があるのかな。やってみよう。

　　　　　　　$\frac{3}{5} \div \frac{2}{3} = \frac{9}{15} \div \frac{10}{15}$

　　　　そして分子をわり算すると，

　　　　　　　$9 \div 10 = \frac{9}{10}$　答えは $\frac{9}{10}$ だ。

夏　子：次郎さん，分数のわり算には，通分は必要ないよ。分数のわり算はわる

数の逆数をかければいいんだ。例えば，$\dfrac{3}{5} \div \dfrac{2}{3}$ を計算してみると，

$$\dfrac{3}{5} \div \dfrac{2}{3} = \dfrac{3}{5} \times \dfrac{3}{2}$$

$$= \dfrac{3 \times 3}{5 \times 2}$$

$$= \dfrac{9}{10} \quad 答えは \dfrac{9}{10} だよ。$$

次　郎：そうだったね。分数のわり算は通分する必要がないんだ。あれっ，ちょ

っとまって。夏子さんの答えと僕の答えが，どちらも $\dfrac{9}{10}$ で同じになっ

た。偶然かな。

夏　子：③本当だ。偶然かどうか，数字を変えて計算して確かめてみましょうよ。

次　郎：よし，やってみよう。

問1　下線部①について，なぜ $\dfrac{1}{2} + \dfrac{1}{5}$ の計算が小数でできて，$\dfrac{2}{3} + \dfrac{3}{7}$ の計算が

小数でできないのか，その理由を，次郎さんに説明するように書きなさい。

問2　下線部②について，分母の違う分数どうしのたし算を計算するときに，通分

する必要があるわけを，次郎さんに説明するように書きなさい。

問3　下線部③について，答えが同じになることを数字を変えて計算して確かめな

さい。2回数字を変えて確かめなさい。

問4　分母の違う分数どうしのわり算は，通分して分子どうしをわり算しても答え

を求めることができます。このことを，$\dfrac{3}{5} \div \dfrac{2}{3}$ を例に，次の手順で次郎さん

に説明するように書きなさい。

手順1　$\dfrac{3}{5} \div \dfrac{2}{3}$ の計算で答えが求められる問題を作る。
手順2　手順1で作った問題を使って説明する。

K 教英出版

前へ　　　　　　　　　　　　　　　　　　　大木　実

少年の日読んだ「家なき子」の物語の結びは、こういう言葉で終っている。

――前へ

僕はこの言葉が好きだ。

物語は終っても、僕らの人生は終らない。
僕らの人生の不幸は終りがない。
希望を失わず、つねに前へ進んでいく、物語のなかの少年ルミよ。
僕はあの健気なルミが好きだ。

辛いことに、厭なことに、哀しいことに、出会うたび
僕は弱い自分を励ます。

――前へ

大木実さんは大正二年、東京のお生まれです。この「前へ」という詩は、昭和四十六
出た詩集『冬の支度』（潮流社）の中の一篇です。

　少年の日読んだ「家なき子」の物語の結びは、こういう言葉で終っている。

――前へ

僕はこの言葉が好きだ。

「家なき子」は、ご存知の通り、フランスの小説家マロが今からきっと百十年程前に書
児童向けの物語で、世界の児童文学中に不朽の座を占めている作品です。

（注）※1　健気…しっかりして強いさま。　　※2　不朽…いつまでも朽ちないこと。後世まで長く残ること。

令和3年度　新潟市立高志中等教育学校　選考検査

適 性 検 査 1

検査時間　9：15〜10：00

（45分間）

［ 注　意 ］

1　「始めなさい。」と言われてから，開いてください。

2　開いたら，「記入用紙」の「受検番号」欄に，受検番号を書いてから，始めてください。

3　となりの人と話したり，用具の貸し借りをしたりしないでください。

4　ひとりごとを言ったり，わき見をしたりしないでください。

5　見にくいところがあったり，ページがとんでいたりしたら，だまって手をあげてください。

6　鉛筆や消しゴムを落としたときは，だまって手をあげてください。

7　「やめなさい。」と言われたら，筆記用具を置き，指示にしたがってください。

【適性検査１】　　あなたの考えは，「記入用紙」に書きましょう。

1　　次の【資料】，菅野 仁 さんの「友だち幻想　人と人の〈つながり〉を考える」の抜粋を読んで，以下の問いに答えなさい。

【資料】

　とりたてて用事もないのに，しょっちゅうメールのやりとりをしている人がいますね。

　メールを送ったら，どれぐらいすばやく「即レス」してくれるかで，相手の友情や愛情を測ってしまう人も多いようです。返信が遅れたりすると，「なんですぐ返してくれなかったの？」「〇〇君の私への気持ちって，その程度だったの？」となるわけです。

　これはじつは，非常に心が休まらない状態をお互（たが）いに作りあってしまっていることになりはしないでしょうか。

　メールを出したほうは，返事が遅いと不安になる。受けるほうは，即レスをしなければならないというプレッシャーがかかっている。そしてお互い，「友だちなのだから，あるいは付き合っているのだから，毎日メールのやりとりをしなければならない」ということになる。

　本当は幸せになるための「友だち」や「親しさ」のはずなのに，その存在が逆に自分を息苦しくしたり，相手も息苦しくなっていたりするような，妙な関係が生まれてしまうことがあるのです。

　私はそれを「同調圧力」と呼んでいます。

　「同調圧力」という言葉を私の研究室のゼミで使ったとき，教え子の女子学生がこう言いました。「先生，私の高校時代は，まさに“同調圧力”に悩まされ続けた三年間でした！」

　――とにかくいつも一緒に行動していなきゃいけない雰囲気があって，それがとても重荷だった。抜け出すにも抜け出せないし，距離を少しでもとろうとすると「なんか冷たい」とか，「今までとちょっと違う」などと言われ，いついじめの対象になるかわからない。距離をとって孤立するのも怖い。そんな毎日――だったのだそうです。それが，大学に入ってかなりの程度解放されて，「人は人，自分は自分」という雰囲気が出てきたので，とても楽になったそうです。

　「同調圧力とどう折り合いをつけるかが私のテーマだったんだと，いまはっきりわかりました」と，彼女は長年の胸のつかえがとれたように言いました。

　今までもやもやと不快だったことが，こういうキーワードを与えられることでスッキリすることがあります。

　この場合の彼女も，それまでは，仲間に入れてくれて，いつも誘ってくれるグループのみんなに対して，「息苦しい，距離を置きたいと思っているのは，自分に協調性がないからなのだろうか？」「友だちと思ってくれている彼女らに対して悪いのではないか？」「でも息苦しい，たまには一人で行動したいけど，その気持ちをうまく言えない」と，ずっと悩んでいたのではないでしょうか。

　同じ年代の若者が集う同質の集団である学校という場は，どうしても同調圧力が高まる傾向が強いようです。

　自分の好みとは関係なく，みんなと同じような制服の着崩し方をしたり，今流行のバッグなどを友だちといっしょに持ったりする，またその時期に流行っている若者言葉をつい使おうとする―本当に自分で選んでそうしているというよりも，一人だけ浮いてしまうのが恐い，ノリの悪いヤツと思われるのは嫌だから，つい周りに合わせてしまうことはありませんか。

　いろいろな形はあるにせよ，私たちの身の周りには，さまざまな種類の同調圧力が張り巡らされているのです。

（「友だち幻想　人と人の〈つながり〉を考える」菅野仁／ちくまプリマ―新書）より抜粋

高志小学校では，学校生活をよりよいものにするために，各専門委員会がそれぞれに企画をねって，活動しています。たかしさんとかな子さんの所属する生活委員会では，「いじめ見逃しゼロ運動」をすることになりました。全校児童にアンケートをとったところ，高学年では「いじめは悪いと思っているが注意できない」と悩んでいる人が多かったため，「いじめを見つけたら注意できるようになろう！」を合言葉に，そんな人を後押しできるような本を紹介することにしました。

　6年生のたかしさんとかな子さんは2人で相談をした結果，【資料】（p.1）菅野仁さんの「友だち幻想　人と人の〈つながり〉を考える」という本を選びました。なお，【資料】は，2人が紹介文を書くために参考にした，本の中で特に印象に残ったページです。今は，たかしさんとかな子さんがそれぞれ自分の作った高学年向けの紹介文を，生活委員の仲間に発表しているところです。

　次の会話文を読んで，以下の問いに答えなさい。

司会　　たかしさんとかな子さんには400字以内という条件で本の紹介文を作成してもらいました。手元にある【資料】は2人が紹介文を書くのに参考にしたページだそうです。これから発表してもらいますので，みなさんは，どちらの方が高学年への紹介文としてふさわしいか，考えてください。採用された方を，生活委員通信にのせたいと思います。では，たかしさん，お願いします。

たかし　はい。僕は，「なぜ注意できないのか」という点に注目しました。この本を読んで，いじめを止められる人が少しでも増えてほしいと思っています。紹介文を読みます。

> 　僕は，この本の「人は人，自分は自分」というところが心に残りました。筆者の教え子の女子学生の話で，「とにかくいつも一緒に行動していなきゃいけない雰囲気があって，それがとても重荷だった。」とありました。こう感じている人はこの学校にも多いと思います。そして「抜け出すにも抜け出せないし，距離を少しでもとろうとすると『なんか冷たい』とか，『今までとちょっと違う』などと言われ，いついじめの対象になるかわからない。距離をとって孤立するのも怖い。」とも書かれていて，これも共感できる人は多いと思います。つい周りに合わせてしまうということは誰にでもあるとは思いますが，悪いことまで周りに合わせてしまうのはどうでしょうか。きっと「それは嫌だ」と思う人が多いはずです。この本では，自分が正しいと思う行動をとるきっかけになることが書かれています。ぜひ，読んでみてください。

司会　　なるほど，ありがとうございました。続いて，かな子さん，お願いします。

かな子　はい。私はこの本を読んで，周りに合わせざるをえない状況が生まれてしまうという話にとても共感しました。いじめを注意できず苦しんでいる人に読んでほしいと思って，こんな紹介文を書きました。

私はこの本を読んで「まるで自分のことだ」と思いました。ＳＮＳで返事が来ないとイライラしたり，つい周りに流されて友だちの陰口（かげぐち）を言ったりしたことがあったからです。あとで考えると，いけないことだと反省するのですが，その場では友だちのことを考えてしまい，どうしようもないのです。ハッと気づかされたのは，私たちが悩んでいることは無関係の人や嫌（きら）いな人との関係ではなく，自分が仲良くしたい人，または仲良くしてくれている人とのことではないかな，ということです。親しいからこそ相手に合わせなければいけない，相手に合わせてほしいと思ってしまうのだと思います。それを筆者は「同調圧力」という言葉で表しています。いじめアンケートで「いじめは悪いと思っているが注意できない」と答えた人が多かったのは，きっとこの「同調圧力」のせいだと思います。友だちとうまく付き合いながら，ダメなことはダメと言えるようになりたい人におすすめの本です。

司会　　よくわかりました。かな子さん，ありがとうございました。これから委員のみなさんに意見を聞かせてもらいます。どちらの紹介文（しょうかい）を採用するか，理由とともに教えてください。

問１　【資料】（p.1）の「同調圧力」とはどんなものか，筆者が説明している部分の一文の最初の５文字を書きなさい。

問２　あなたは，たかしさんとかな子さんのどちらの紹介文（しょうかい）が，高学年向けの生活委員通信に掲載（けいさい）するのにふさわしいと思いますか。以下の条件に従（したが）って答えなさい。

条件１　１００字以上２００字以内で書くこと。
条件２　その場に委員の一人として参加していることを想定しながら，話し言葉で書くこと。
条件３　理由を明確にして，書くこと。

問３　問２であなたが選んだ方が採用され，生活委員通信に掲載（けいさい）されることが決まりました。そこで，より多くの人に読んでもらうためにどんなタイトル（小見出し）をつけたらよいですか。以下の条件に従（したが）って，解答欄（らん）に書きなさい。

条件１　１０字以上３０字以内で書くこと。
条件２　【資料】の内容をふまえて作ること。
※　以下の条件３，４はどちらか一方に従（したが）うこと。
条件３　問２で選んだ紹介文（しょうかい）から語句を引用すること。
条件４　「～しよう」や「～だろうか」など，読者に呼びかける形の文末で終えること。

このページに問題はありません。
次のページに進みなさい。

2　　高志小学校６年生の大沼桜子さんと小林たかしさんは，毎日の報道により新型コロナウィルスの感染状況に興味をもち，毎日，東京都の「都内の最新感染状況」を見ています。
　　担任の先生を交えての３人の会話を読んで，以下の問いに答えなさい。

桜　子：「都内の最新感染状況」を見ていると陽性率という言葉が出てきます。陽性率が６％とか５％とか。

たかし：６％とか５％とかの意味について授業でも学習したね。

先　生：そうだね。ここで，％について，復習するよ。①全校児童４８０人の５％って，何人になるの？

たかし：（　ア　）人です。

先　生：そうだね。じゃあ，もう１つ。②定価３５００円のシャツの３０％引きっていくらになるの？

桜　子：（　イ　）円です。

先　生：そうだね。よく理解しているね。

たかし：また，報道番組等で，陽性率約何％っていう言葉をよく聞くけど，「約」って言葉の意味も学習したよね。

先　生：よく覚えているね。「約」という言葉と関連して「がい数」や「がい算」という言葉も学習したね。およその数のことを「がい数」，がい数にしてから計算することを「がい算」というんだったね。また，がい数を使って，見当をつけることを「見積もる」ともいうね。
　　じゃあ，③ゾウの重さ６１９９kgは，A子さんの体重３９kgの何人分の体重でしょうか。わる数とわられる数を，それぞれ上から１けたのがい数にして，商の大きさを見積もりましょう。

先　生：話をもとにもどします。資料１「東京都内の最新感染状況」（p.7）を見ると，④７月２７日の陽性率と検査人数から,感染者数は，おおよそ何人か，判断できそうですね。

たかし：ねえねえ，数字を見て，少し疑問をもったことがあるんだけど。⑤検査人数が２９７６.３人と小数で示されているけど，どうしてかな。

桜　子：７月２７日の陽性率と検査人数の（注）に書かれていることをよく読むと分かりそうだよ。

先　生：そうだね。よく見ているね。ところで，⑥７月に入ってからの感染者数は，「緊急事態宣言」が出されていた４月・５月より増えているにもかかわらず，政府が「４月・５月にくらべ悪くなっているとは限らない」としているけど，どうしてかな。

たかし：東京都のデータと東京都に関わるニュースを見ると分かりそうだよ。

桜　子：政府のことでいうと，４月の国会で⑦「再生産数」という言葉がよくでていたよ。私，ホームページでこのことを調べてみたよ。

問1　下線部①について，全校児童４８０人の５％は，何人なのか，（　ア　）に入る数字を求めなさい。

問2　下線部②について，定価３５００円のシャツの３０％引きは，いくらになるか，（　イ　）に入る数字を求めなさい。

問3　下線部③について，ゾウの重さ６１９９kgは，Ａ子さんの体重３９kgの何人分の体重でしょうか。わる数とわられる数を，それぞれ上から１けたのがい数にして，商の大きさを見積もりなさい。

問4　下線部④について，次のページの**資料１**「東京都内の最新感染状況」における『７月２７日の陽性率と検査人数』から 感染者数は約何百人と判断できますか。式も書き，なぜそのような式をたてたかその理由も書きなさい。
　　　ここでは，陽性率を，検査人数に対する感染者数の割合とみなすことにします。

問5　下線部⑤について，７月２７日の検査人数が２９７６.３人と小数で示されている理由を，**資料１**「東京都内の最新感染状況」における，『７月２７日の陽性率と検査人数』の『（注）』に書かれていることをもとに書きなさい。

問6　下線部⑥について，７月に入ってからの感染者数は，「緊急事態宣言」が出されていた４月・５月より増えているにもかかわらず，政府が「４月・５月にくらべ悪くなっているとは限らない」としている根拠を，**資料２**「東京都新型コロナウィルス感染症対策サイト」のデータ①〜⑤と**資料３**「時事ドットコムニュース（７月１６日）」のデータ⑥をもとに３つ書きなさい。もとにしたデータ番号も書きなさい。
　　　なお，６個のデータについては，すべてを使う必要はありません。

問7　下線部⑦について，「再生産数」が「２」の時，感染者が１人いたとすると，２次感染者は２人となりますが，４次感染者は何人になりますか。桜子が「再生産数」についてホームページで調べた下の説明をふまえて，答えなさい。

　再生産数とは，１人の感染者が感染力をもつ期間に他の人にうつす２次感染の人数を示します。
　再生産数が２人だとすると，１人の感染者が２人にうつし，そのうつされた２人はそれぞれまた２人にうつすというように増えていきます。
　政府は感染拡大防止のために接触を８割減らすと呼びかけていたのは，この再生産数によるところが大きいです。

　　　　　　　　　　　　株式会社アナリティクスデザインラボのホームページより

問8　接触を「８割減らした場合」と「６割減らした場合」とを比較し，「６割減らした場合」では，ほとんど効果がない理由を「再生産数」を根拠に述べなさい。ただし，新型コロナウィルスの再生産数を２.５人とします。

〇「７月２７日の陽性率と検査人数」

検査の陽性率　　　　　６.５％

検査人数　　　　２９７６.３人

（注）
- 陽性率：陽性判明数の移動平均／検査人数（＝陽性判明数＋陰性判明数）の移動平均
    - ※　移動平均（７日間）とは，６日前から当日までの７日間の報告数の平均値を示している。
- 集団感染発生や曜日による数値のばらつきにより，日々の結果が変動するため，こうしたばらつきをならし全体の傾向を見る趣旨から，過去７日間の移動平均値をもとに算出する。（例えば，５月７日の陽性率は，５月１日から５月７日までの実績平均を用いて算出）
- 検査結果の判明日を基準とする。
- 陰性確認のために行った検査の実施人数は含まない。

※　東京都のホームページをもとに（注）の文言を省略または修正しています。

資料２　東京都新型コロナウィルス感染症対策サイト
　　　　（https://stopcovid19.metro.tokyo.lg.jp/）より
①　「新規陽性者数（報告日別）」

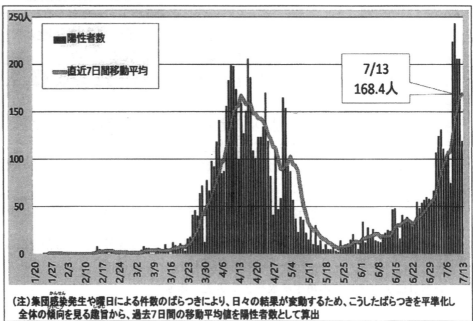

② 「検査の陽性率」

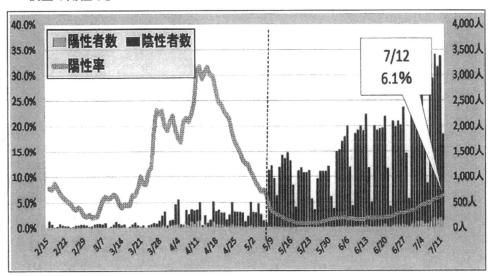

③ 「入院患者数」

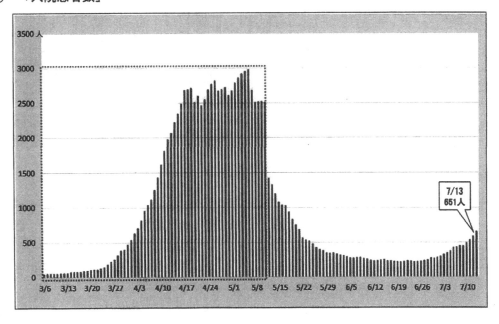

④　「重症患者数」

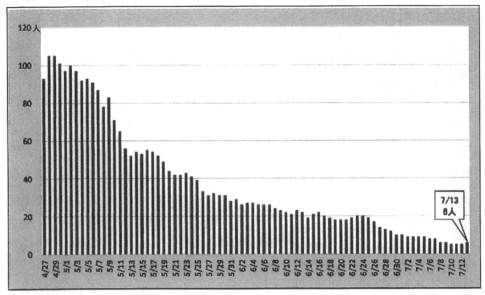

⑤　「検査実施件数」

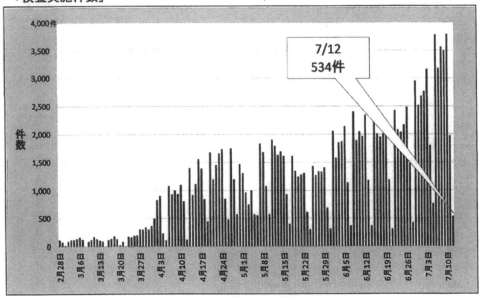

資料３　「時事ドットコムニュース（７月１６日）」（http://www.jiji.com）より
⑥「宿泊施設・病床，確保急ぐ　コロナ感染者が増加―東京都」

> 　東京都内で確認された新型コロナウィルス感染者数の増加に対応するため，都は医療提供体制の維持に力を入れている。（一部省略）
> 　都は，感染者の早期発見につなげるため，１日に検査できる件数を現在の最大６５００件から１万件に拡大する方針で，（一部省略）。
> 　宿泊療養施設や病床の確保など受け入れ体制の充実を急ぐ。

令和３年度　新潟市立高志中等教育学校　選考検査

適 性 検 査 2

検査時間　１０：２０～１１：０５
（４５分間）

［ 注 意 ］

1　「始めなさい。」と言われてから，開いてください。

2　開いたら，「記入用紙」の「受検番号」欄に，受検番号を書いてから，始めてください。

3　となりの人と話したり，用具の貸し借りをしたりしないでください。

4　ひとりごとを言ったり，わき見をしたりしないでください。

5　見にくいところがあったり，ページがとんでいたりしたら，だまって手をあげてください。

6　鉛筆や消しゴムを落としたときは，だまって手をあげてください。

7　「やめなさい。」と言われたら，筆記用具を置き，指示にしたがってください。

【適性検査２】　あなたの考えは，「記入用紙」に書きましょう。

　　Aさんは越後小学校の６年生で，給食委員長です。給食委員会では，毎日，昼の放送での献立紹介や，残量調べなどをしています。また，食品ロスに関する国際的な関心が高まっていることを知り，給食委員会でも問題点や解決に向けた取組を調べています（資料1〜3，p.2‐3）。関連して「ＳＤＧｓ」についても調べ，「目標０２　世界から飢餓をなくす」「目標１２　つくる責任　つかう責任」という目標をはじめ，１７の目標があり，全世界で取り組んでいかなくてはいけないということも知りました。

　　１月のある日，Aさんは，家の近くのスーパーでは，恵方巻の予約を受け付けていることを知りました。そして，次の日には，資料4（p.3）のような新聞記事を見つけました。これらの出来事から，Aさんは，どうして恵方巻を予約して売るようになったのか興味をもち，お母さんに話をしました。

　　次の会話文を読んで，以下の問いに答えなさい。

Aさん　　　どうして，恵方巻を予約制にして売るようになったのかな。

お母さん　ここ何年か，２月の節分の時期には，スーパーで恵方巻の予約販売を推進することが話題になったわね。売れ残った恵方巻が大量に捨てられることが問題になっているのよ。

Aさん　　　それはもったいないものね。

お母さん　恵方巻だけではないのよ。コンビニではおにぎりや弁当の大量廃棄が問題になっていて，そのための解決策を各コンビニが考えて売り方を工夫し始めているのよ。恵方巻のように予約販売も増えているみたいね。

Aさん　　　給食委員会でも「食品ロス」について調べていて，私たちにも何かできないかを考えているんだよ。いわゆる「食品ロス」は６１２万トン。これは，世界中で飢餓に苦しむ人々に向けた世界の食糧援助の１．６倍に相当すると言われているの。また，食品ロスを国民一人当たりに換算すると「お茶碗１杯分（約１３２ｇ）の食べもの」が毎日捨てられていたときもあったそうよ。

> 問１　資料1〜資料4の中の言葉を参考にして，スーパーでの恵方巻の販売方法について，どうして予約を受け付けて売るようになったのか理由を書きなさい。

2021(R3) 高志中等教育学校
K教英出版

資料1　農林水産省　「食品ロス及びリサイクルをめぐる情勢」（2019年）より

食品ロスに関する国際的な関心の高まり

✓ 2015年の国連サミットで採択（さいたく）された「持続可能な開発のための2030アジェンダ」において、食料の損失・廃棄（はいき）の削減（さくげん）を目標に設定。

■ 国連「持続可能な開発のための２０３０アジェンダ」（平成27年9月）

ミレニアム開発目標の後継（こうけい）となる2016年以降2030年までの国際開発目標（17のゴールと169のターゲット）27年9月に国連で開催された首脳会議にて採択。

SUSTAINABLE DEVELOPMENT GOALS
17 GOALS TO TRANSFORM OUR WORLD

※イラスト省略

ターゲット12.3
2030年までに小売・消費レベルにおける世界全体の一人当たりの食料の廃棄を半減させ、収穫後損失などの生産・サプライチェーンにおける食料の損失を減少させる。

ターゲット12.5
2030年までに廃棄物の発生防止、削減（さくげん）、再生利用及び再利用により、廃棄物の発生を大幅に削減（さくげん）する。

サプライチェーンとは…製品の原材料・部品の調達（ちょうたつ）から，製造，在庫管理，配送，販売（はんばい），消費までの全体の一連の流れのこと。

農林水産省 食料産業局／Food Industry Affairs Bureau. Ministry of Agriculture, Forestry and Fisheries.

資料2　農林水産省　「食品ロス及びリサイクルをめぐる情勢」（2019年）より

日本の食品ロスの状況（平成29年度）

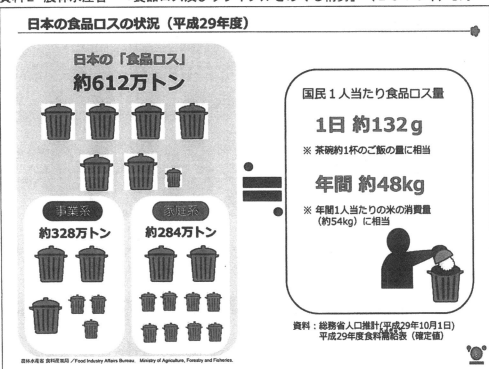

日本の「食品ロス」
約612万トン

事業系
約328万トン

家庭系
約284万トン

国民１人当たり食品ロス量

1日 約132g

※ 茶碗約1杯のご飯の量に相当

年間 約48kg

※ 年間1人当たりの米の消費量（約54kg）に相当

資料：総務省人口推計（平成29年10月1日）
平成29年度食料需給表（確定値）

農林水産省 食料産業局／Food Industry Affairs Bureau. Ministry of Agriculture, Forestry and Fisheries.

資料３　農林水産省　「食品ロス及びリサイクルをめぐる情勢」（２０１９年）より

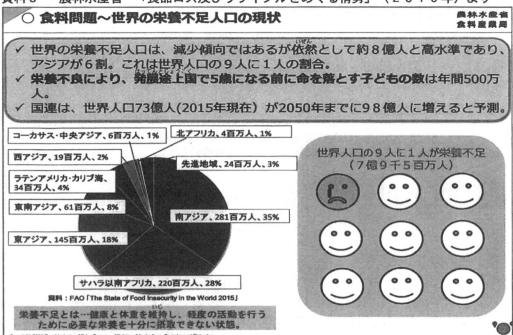

○ 食料問題～世界の栄養不足人口の現状　　　　　　　農林水産省　食料産業局

✓ 世界の栄養不足人口は、減少傾向ではあるが依然として約８億人と高水準であり、アジアが６割。これは世界人口の９人に１人の割合。
✓ 栄養不良により、発展途上国で5歳になる前に命を落とす子どもの数は年間500万人。
✓ 国連は、世界人口73億人(2015年現在) が2050年までに９８億人に増えると予測。

コーカサス・中央アジア、6百万人、1％
北アフリカ、4百万人、1％
西アジア、19百万人、2％
先進地域、24百万人、3％
ラテンアメリカ・カリブ海、34百万人、4％
東南アジア、61百万人、8％
南アジア、281百万人、35％
東アジア、145百万人、18％
サハラ以南アフリカ、220百万人、28％

資料：FAO「The State of Food Insecurity in the World 2015」

世界人口の９人に１人が栄養不足（７億９千５百万人）

栄養不足とは…健康と体重を維持し、軽度の活動を行うために必要な栄養を十分に摂取できない状態。

Copyright 2016 Food Industry Affairs Bureau. Ministry of Agriculture, Forestry and Fisheries.

資料４　新潟新聞（１月２５日）

恵方巻予約強化します

　節分に向けて販売される「恵方巻」の売れ残りの廃棄問題で，農林水産省が食品ロスの削減を流通業界などに呼びかけた。コンビニエンスストアやスーパーは予約販売を強化し，需要に見合った販売数量に抑えようとしているが，各社の販売競争は激しく，対策の効果は見通せない。

　恵方巻の大量廃棄問題は２０１７年，ネット上で廃棄された商品の写真が広まって議論を呼んだ。そこで農水省は，今年の販売が本格化した１月１１日，日本スーパーマーケット協会や日本フランチャイズ*チェーン協会などに「貴重な食糧資源の有効活用」のために需要に見合った販売とするように文書で呼びかけた。

　農水省の文書では，売り方を見直した「○○ストアー」の事例を紹介。前年の実績分だけ販売し，欠品が出ても追加販売しないようにしたところ，全８店舗中５店舗で完売し，廃棄量も減ったという。

　これを受け，各社は対策を打ち出している。コンビニチェーンの「●●ストアー」は，１本パックを２つ予約すれば，特典として１割引にし，予約で購入してもらいやすいようにした。「△△スーパー」は，予約限定の高級な恵方巻の値段を，昨年までの３千円以上を２千円台に引き下げた。予約での販売量を前年より２割増やし，需要に見合った販売に近づけたいという。

　ただ各社とも，前年業績を上回る販売を目指す姿勢は変えておらず，食品ロスをどの程度減らせるかは未知数だ。

　　フランチャイズ…本部と契約を結び，加盟金を支払うことで，加盟店として商標（トレードマーク）を使用して商品を販売したり，サービスを提供したりすることができるシステム

Ａさんは，食品ロスについて更に調べてみることにしました。すると，ネットニュースで，コンビニの売れ残りのおにぎりや弁当を大量廃棄していることが記事になっていました。記事によると，

　　「コンビニは客が欲しいときに欲しいものがそろっているもので，近くて便利という特性があります。商品棚ががらがらになっていると，客は不便を感じてしまいます。だから商品を絶やさないようにします。そのために，消費期限の手前で棚から撤去し，新しいものと入れ替えます。そして，売れ残った分は廃棄されるのです。その過剰な廃棄が問題になっているのです。」

ということでした。

　Ａさんはこのことに興味をもちました。自分でも，試しにお店の利益についてシミュレーションしてみようと思い，次のような状況を設定しました。

原価が１個７０円のおにぎりを１０個仕入れて，１個１００円で販売するとき，１０個中８個が売れて，２個売れ残ったら，いくら利益が出るか。

問２　このシミュレーションで求められる利益はいくらか。求めるための式を書いた上で，答えなさい。

　食品ロスに関心をもったＡさんは，給食委員会として，給食の残量を減らそうとして全校に呼びかけてきました。その結果をまとめたものが，以下の①②のグラフです。

【グラフ①】

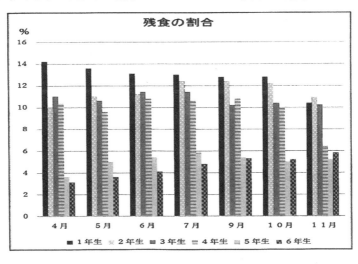

【グラフ②】

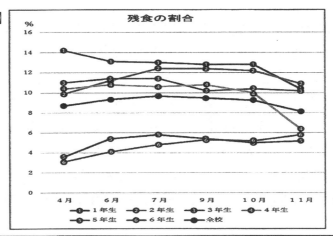

残食の割合

```
問3  給食委員会として，学年別残食率の月ごとの調査結果を，全校のみなさんに
    お知らせしたいと思います。もしあなたが給食委員なら，①と②のどちらの
    グラフを選んでお知らせしますか。次の文の（   ）に①または②を入れ，
    選んだ理由を書きなさい。ただし以下の条件に従って答えなさい。
```

```
    私は，グラフ（   ）で示した方がよいと考えます。
```

```
条件1  ３０字以上６０字以内で書くこと。
条件2  何を伝えたいのか書くこと。
```

　　主食や牛乳，副食の料理別の残食についての調査の結果や，残食率の計算の仕方な
どについて，給食センターから教えてもらいました。

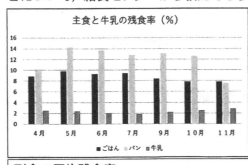

主食と牛乳の残食率（％）

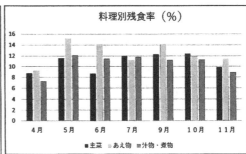

料理別残食率（％）

```
副食の平均残食率
    主菜          10.1％
    あえ物・サラダ  11.9％
    汁物・煮物      9.9％

残食率の低かった副食
    主菜…とり肉から揚げ，ハンバーグ，焼き肉丼の具，照り焼きチキン，牛丼の具
    汁物…シチュー，コーンスープ，ワンタンスープ
    煮物…肉じゃが，じゃがいもそぼろ煮，麻婆豆腐，豚肉と大根の煮物
    副食ではないが，焼きそば，スパゲッティも残食率が低い
```

問4　（式）

答え
約＿＿＿＿＿＿＿人

（理由）

問5

問6

考えられる根拠	データ番号

問7

問8

問6　参考にした資料番号（_____, _____, _____）

30

60

90

120

150

180

210

240

270

300

330

360

390

400

【適性検査2】　記入用紙

受検番号 ☐

問1

問2

（式）

答え＿＿＿＿＿＿＿＿＿＿＿

問3

私は，グラフ（　　　　　）で示した方がよいと考えます。

（理由）

| | | | | | | | | | | | | | | | | | | | | | | | | | | | | | | 30 |

| | | | | | | | | | | | | | | | | | | | | | | | | | | | | | | 60 |

問4

| | | | | | | | | | | | | | | | | | | | | | | | | | | | | | | 30 |

| | | | | | | | | | | | | | | | | | | | | | | | 50 |

問5　参考にした資料番号（＿＿＿＿，＿＿＿＿，＿＿＿＿）

| | | | | | | | | | | | | | | | | | | | | | | | | | | | | | | 30 |

【適性検査1】　記入用紙

（配点非公表）

1 問1

問2

（右端に 30, 60, 90, 120, 150, 180, 200 の目盛り）

問3

（右端に 30 の目盛り）

2 問1

（式）

答え ＿＿＿＿＿＿＿人

問2

（式）

答え ＿＿＿＿＿＿＿円

【解答

残食率の高かった副食

納豆，きのこ類，海藻類を使った料理，焼き魚，煮魚，魚フライ

残食率について

　　給食施設における残食調査は，実測が一般的であり，個別に計算することは，時間的な制約からも困難なことから，料理ごとに残食量を計算し，残食率を算出する。

　計算方法

$$残食率（\%）＝\frac{残食量 － （提供量×欠席率）}{提供量 － （提供量×欠席率）}×１００$$

　給食を残す理由についても調査して集計しています。以下は，給食を残す理由についてのアンケート結果です。

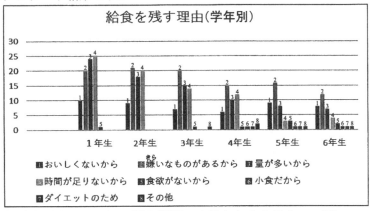

給食を残す理由（学年別）

■ おいしくないから　　② 嫌いなものがあるから　　③ 量が多いから
④ 時間が足りないから　　⑤ 食欲がないから　　⑥ 小食だから
⑦ ダイエットのため　　⑧ その他

給食を残す理由　　※　調査期間：４月から１１月までの間

理由	１年生	２年生	３年生	４年生	５年生	６年生	全校
おいしくないから	10	9	7	6	9	8	49
嫌いなものがあるから	20	21	20	15	16	12	104
量が多いから	24	18	15	10	8	7	82
時間が足りないから	25	20	14	12	3	4	78
食欲がないから	1	0	1	1	3	2	8
小食だから	0	0	0	1	1	1	3
ダイエットのため	0	0	0	1	1	1	3
その他	0	0	1	2	1	1	5
回答数	80	68	58	48	42	36	332
学年児童数	100	100	98	102	96	103	599

単位は（人）

問４　アンケート結果を学年ごとに比較して，気づいたことを書きなさい。必ず「割合」という言葉を用いて，５０字以内で書きなさい。

今日の委員会活動の時間では，給食委員会として，どうしたら全校のみなさんの食品ロスに対する問題意識を高め，給食の残量を減らすことができるかを話し合うことになりました。委員一人一人が，自分なりに調べたり考えたりして，資料を持ち寄り，話合いをしています。

Aさん　今日は，それぞれで食品ロスについて調べてきたことを発表し合いながら，給食委員会として取り組んでみたいことを話し合いたいと思います。スーパーなどでも，恵方巻を予約制にするなどの対策をとっているそうです。先月の給食では目標よりも多くが残りました。もったいないと思います。私たちにも何かできることはないでしょうか。

Bさん　学校の給食は嫌いなものも出るから，残すのは仕方ないと思います。

Cさん　私はこの資料5と6（p.9）のように，自治体や食堂などが小盛りメニューや小分けの盛り付けをしてロスを減らす工夫をしていることを知りました。

Aさん　学校の給食の場合は，栄養バランスを考えて作ってあるので，私たち一人当たりに必要なものなので簡単に減らすのは難しいかもしれません。でも，私たちの学校で給食残量を減らすことを目指せないでしょうか。

Bさん　確かに，栄養のバランスが整っている給食を残さず食べることは大切だと思います。資料7（p.10）のように，「食品ロス」の問題は日本みたいな先進国ばかりじゃなく，発展途上国でも起きているとネットで見たことがあります。食料がなく，飢餓が起きている国でも「食品ロス」はあるのです。しかし，それは野菜や肉を生産しても，それらを加工したり保存したりする技術や施設がないかららしいです。日本みたいに食品が余って捨てている状況とはちがうらしいです。僕たちの学校の給食残量がなくなっても，世界の飢餓がなくなるわけじゃないから，関係ないんじゃないかな。

Aさん　確かに，自分たちのムダが減ったから世界の人々が救われるという単純な話でないのも事実なのですね。

Bさん　それに，やっぱりお店に行って，食べたい物が売り切れだったらいやだな。だから，たとえ，売れ残って捨てることになってもお店にはたくさん商品があってほしいな。

Dさん　コンビニの弁当も消費期限が切れると売れないので，捨てられるそうです。コンビニでは，1店舗あたり，1日に10〜15キロ程度の食品を廃棄していて，累計すると年間では約20〜30万トンの食品ロスが発生していることになるそうです。これは日本全体の食品ロスのうち約3〜5％を占めると考えられています。消費期限や賞味期限について考えるべきだと思います。

Bさん　足りないより，ほしい人みんなが買えるほうがいいです。それで余りが出て，捨てるのはしょうがないと思います。学校給食やコンビニの弁当，それにスーパーの食材でも，大量生産することでコストが抑えられていて，値段を安くすることができるそうです。おかげで私たちは安くて，おいしいものが食べられるようになります。このように経済がうまく回っているから今のままでいいと思います。

Dさん　私も，世界のどこかで餓死（がし）している子どもがいるという資料を読んだことがあります。日本で余った食料を外国に送ることはできないでしょうか。

Bさん　余った食料を送るといっても遠くの外国だから，長期の保存（ほぞん）ができない物は，届（とど）く前に食べられなくなってしまうよ。輸送にかかるコストを考えると，それも莫大（ばくだい）な経費が必要になる。

Cさん　私は，**資料8（p．10）**のように新潟県でも，食品ロスを減らす取組を呼びかけていることが分かりました。参考にできると思います。

Aさん　食品ロスの問題は，まずは自分たちの周りのムダをなくしていくことから解決すべきだと思います。私は，家の近くのスーパーで，「にいがたエコレシピコンテスト（新潟市）」のチラシを受け取りました。給食委員会の参考になるかもしれないと，帰宅（きたく）してから，この新潟市の取組について調べました。新潟市のサイトには**資料9（p．11）**のように，この取組の趣旨（しゅし）が説明されていました。私は，自分たちでできることから，何か始めたいです。

問5　Aさんは，Bさんに給食の残量のような「食品ロス」をなくすことが大切であることを説明します。あなたがAさんなら，どのように説明しますか。以下の条件に従（したが）って，具体的に書きなさい。

条件1　100字以上120字以内で書くこと。
条件2　4人の会話文や資料を参考にして書くこと。
条件3　参考にした資料番号を解答欄に書くこと。

その後も，委員会活動での話合いは続きました。

Dさん　新潟県は，リーフレット（**資料8**）を作成して，家庭やお店に食品ロスを減らそうと呼びかけていることから，努力していると感じました。

Aさん　私も賞味期限や消費期限について調べてみました。農林水産省の資料（**資料5，6**）と消費者庁消費者政策課が出した資料（**資料7**）から，お店屋さんが取組を改善したり，私たちが外食や買い物の時に気を付けたりすることがあると感じました。
　　　　それでは，今日の給食委員会では，私たちがどんな取組を提案できるか発表し合いたいと思います。

問6　あなたも給食委員会の一員です。これまでの会話文や資料をもとに，「食品ロス」問題を解決するために，どのような取組を全校に提案しますか。以下の条件に従（したが）って，具体的に書きなさい。

条件1　350字以上400字以内で書くこと。
条件2　食品ロスの問題点を解決するための具体的な提案であること。
条件3　参考にした資料から必要に応じて引用してもよい。ただし，用いる資料は3つまでとし，参考にした資料番号を解答欄（らん）に書くこと。

資料5　農林水産省　地方公共団体の取組事例

地方自治体における「もったいない」を見直す動き

- ✓ 外食や小売店と協力して食品ロスに取り組む自治体が増加。平成28年10月には、自治体間でネットワークが構築されるなど、地域から「もったいない」を見直す取組が広がっている。
- ✓ 特に、宴会時に「食べきりタイム」を設け、食品ロスを減らす「3010運動」は、長野県松本市で始まり、福井県、静岡県、福岡市、佐賀市など多数の自治体に広がっている。

自治体間のネットワーク構築（H28.10月）
（全国おいしい食べきり運動ネットワーク協議会）

食べ残しゼロを推進する呼びかけ
（左：長野県松本市、右：福岡県福岡市）

宴会での食べ残しを減らす運動です
乾杯後 **30** 分間 は席を立たずに料理を楽しみましょう
お開き **10** 分前 になったら席に戻って料理を楽しみましょう

	調査対象宴会（回）	参加人数(人)	食べ残し総量(g)	平均1人当たり食べ残し量(g)
取組あり	4	59	417	7.1
取組なし	5	107	3,315	31.0

京都市の調査によれば、宴会で「幹事からの声かけ」や「卓上POPの設置」の取組を行った場合、取組なしにくらべて、食べ残し量が約4分の1に。
（調査対象数が少ないため一般化はできないことに留意）
資料：第60回京都市廃棄物減量等推進審議会（平成29年3月28日）

農林水産省 食料産業局／Food Industry Affairs Bureau. Ministry of Agriculture, Forestry and Fisheries.

資料6　農林水産省　事業者の取組事例

「食べ残し」対策の取組事例①

- ✓ 地方公共団体の食品ロス削減への動きと合わせて、各地の外食事業者等においても、小盛り・小分けメニューの提供やお客への食べきりのインセンティブ付与等の様々な「食べ残し」対策を行っている。

小盛り、小分けメニューの展開 持ち帰り容器の提供

【大珍樓】
（神奈川県横浜市 食べきり協力店）

食べ放題のメニューの最小単位を小さくして、例えば北京ダックやエビの揚げ物など、1枚・1個から注文を可能とすることで、お客様の食べ残しを削減。
また、コース料理について、おいしく食べきって頂くことを前提にしつつ、持ち帰りを希望されるお客様へは持ち帰り容器を提供。なお、傷みやすい料理は持ち帰り不可とする等、衛生面にも配慮。

インセンティブとは…意欲を引き出すために、特典などを与えること。

インセンティブの付与

【静岡県：ふじのくに食べきりやったねキャンペーン】
協力店舗数　329（R2.4）

「食べきり」に成功した客・グループに対して、特典（飲食代割引や地産品プレゼント）を付け、食べきりに対してのインセンティブを付与。

食べきりへの声かけ

【岩手県：ホテルメトロポリタン盛岡】

各種パーティーにおいて幹事や司会者と相談し、食べ残しを減らすための「3010運動」を実践。

農林水産省 食料産業局／Food Industry Affairs Bureau. Ministry of Agriculture, Forestry and Fisheries.

K教英出版

資料7　消費者庁消費者政策課　食品ロス削減（さくげん）関係参考資料

● 食品ロスをめぐる現状

我が国の食品ロスの状況

● 食品ロス量は年間**646万トン**（平成27年度推計）≒国連世界食糧計画（WFP）による食糧援助量（約320万トン）の2倍
● 毎日大型（10トン）トラック**1,770台分**を廃棄（はいき）
● 年間1人当たりの食品ロス量は**51kg**≒年間1人当たりの米の消費量（約54kg）に相当

＜日本＞

食料を海外からの輸入に大きく依存（いぞん）
・食料自給率（カロリーベース）は38%
　（農林水産省「食料需給表（平成28年度）」）

廃棄物（はいきぶつ）の処理（しょり）に多額のコストを投入
・市町村及び特別地方公共団体が一般廃棄物（はいきぶつ）の処理に
　要する経費は約2兆円/年
　（環境省「一般廃棄物の排出及び処理状況等について」）

食料の家計負担は大きい
・食料が消費支出の1/4を占めている
　（総務省「家計調査（平成28年）」）

深刻な子どもの貧困（ひんこん）
・子どもの貧困は、7人に1人と依然として高水準
　（厚生労働省「平成28年国民生活基礎調査」）

＜世界＞

世界の食料廃棄（はいき）の状況
・食料廃棄量（はいきりょう）は年間約13億トン
・人の消費のために生産された食料のおよそ1/3を廃棄（はいき）
　（国連食糧農業機関（FAO）「世界の食料ロスと食料廃棄（2011年）」）

世界の人口は急増
・2017年は約75億人、2050年では約97億人
　（国連「World Population Prospects The 2017 Revision」）

深刻（しんこく）な飢えや栄養不良
・飢えや栄養で苦しんでいる人々は約8億人
・5歳未満の発育阻害は約1.5億人
　（国連「世界の食料安全保障と栄養の現状2017」）

SDGsの重要な柱
・国連の持続可能な開発のための2030アジェンダで言及（げんきゅう）
・G7農業大臣会合及び環境大臣会合（2016年）で、
　各国が協調し、積極的に取り組んでいくことで合意

4

資料8　残さず食べよう！にいがた県民運動

- 10 -

資料９　にいがたエコレシピコンテスト

「趣旨」

　日本では，年間６００万トン以上の食品ロスが発生しています。これは，１人１日あたりに換算すると，毎日お茶碗１杯分の食べ物を捨てていることになります。また，平成３０年度に実施した新潟市の調査では，家庭から出る燃やすごみのうち，約１６％が食品ロスであることがわかっています。

　さらに，第３次新潟市食育推進計画では，「食べ物を無駄にしないように行動している市民の割合」を目標に掲げていますが，平成３０年の調査では目標値を達成することはできていません（目標値：９０.０％，平成３０年：８３.５％）。

　そこで，新潟市では，「にいがたエコレシピコンテスト」を初開催することで，市民の皆さまに食品ロスについて関心をもっていただき，食べ物を無駄にしないことを意識してもらいたいと考えています。

適 性 検 査 1

検査時間　９：１５〜１０：００

（４５分間）

［ 注 意 ］

1　「始めなさい。」と言われてから，開いてください。

2　「始めなさい。」と言われたら，「記入用紙」の「受検番号」欄に，受検番号を書いてから，始めてください。

3　となりの人と話したり，用具の貸し借りをしたりしないでください。

4　ひとりごとを言ったり，わき見をしたりしないでください。

5　見にくいところがあったり，ページがとんでいたりしたら，だまって手をあげてください。

6　鉛筆や消しゴムを落としたときは，だまって手をあげてください。

7　「やめなさい。」と言われたら，筆記用具を置き，指示にしたがってください。

【適性検査１】　あなたの考えは，「記入用紙」に書きましょう。

1　越後小学校では，総合的な学習の時間で，地域の問題を取り上げました。現在，地域の人が元気になるように自分たちにできることを考える「元気なかよしプロジェクト」に取り組んでいます。

　あなたの学級が地域の自治会長さんたちに行った「地域の問題アンケート」の結果から，地域に一人暮らしのお年寄りが多く，買い物など生活に不便を感じたり，さみしい思いをしたりしている人が多いことが分かりました。そこで，「地域のお年寄りを元気にしたい」という目的で，学級内の各班で，どんなことができるか話し合っています。

　あなたとまさおさん，ただしさん，ひろしさん，かなえさんの班は，学級全体に提案する班の意見をまとめるために，資料１～４をふまえて，自分の意見をカードに書き終わったところです。

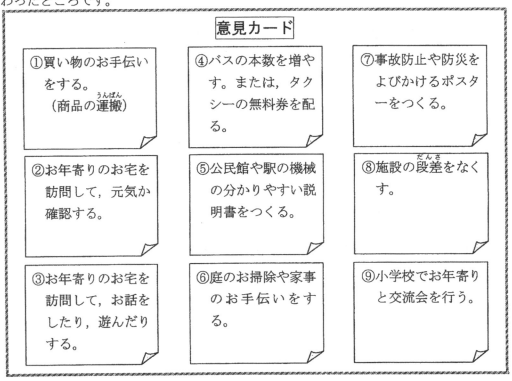

意見カード

①買い物のお手伝いをする。（商品の運搬）

②お年寄りのお宅を訪問して，元気か確認する。

③お年寄りのお宅を訪問して，お話をしたり，遊んだりする。

④バスの本数を増やす。または，タクシーの無料券を配る。

⑤公民館や駅の機械の分かりやすい説明書をつくる。

⑥庭のお掃除や家事のお手伝いをする。

⑦事故防止や防災をよびかけるポスターをつくる。

⑧施設の段差をなくす。

⑨小学校でお年寄りと交流会を行う。

問１　このあと，「地域のお年寄りを元気にしたい」という目的にそって話合いを進め，学級全体に班として一つの案を提案します。その提案をつくるための話合いをよりよく進めるためには，あなたなら上の①から⑨のカードをどのように分類しますか。以下の条件にしたがって答えなさい。

条件１　まとまりの数は３つとする。
条件２　それぞれのまとまりにタイトルをつけること。
条件３　どのような考え方で分類したか，またそのように分類するとなぜよりよい話合いになると考えたかを１６０字以上２００字以内で説明すること。

【資料１】　民生委員さんへのインタビュー内容

　　地域の一人暮らしのお年寄りについてのお話でしたね。最近では孤独死が話題になります。家族の方が定期的に連絡を取ってくだされればいいのですが，なかなかうまくいかないのです。私たち民生委員もできるだけ声をかけて回るようにしているのですが，人手が足りないのが現実です。

　　ですから，みなさんがお年寄りの方に声をかけてくれたり，お家をうかがって顔を見てくれたりすることはとてもありがたいです。どうしても一人暮らしのお年寄りは元気がなくなってしまいますからね。

　　先日も，あるお年寄りの方が「久々に子どもに習字を教えたら，若返ったような気がした」と喜んでいらっしゃいました。普段はあまりしゃべらない方なんですが，よほどうれしかったんでしょうね。

　　みなさんがいろいろ考えて，お年寄りのために何かをしてくださるのは大変すばらしいと思います。ただ，お金に関するトラブルがこわいので，お使いや買い物を代わりにすることはさけたほうがよいでしょう。

民生委員

【資料２】　認知症予防に関する新聞記事

会話で認知症予防

　　国立大学附属病院医師の山下さん（５６）は「認知症は，いろいろな原因で脳の細胞の働きが低下するために，『物事を記憶したり，判断する能力』や『時間や場所，人などを認知する能力』などが低下し，生活をするうえで支障をきたしている状態。だからこそ『伝える』や『教える』といった形でのコミュニケーションが非常に効果的」と話した。

　　また，いくつかの症例をあげながら，日常的に若年層と会話をしているかどうかで，認知症の進行に遅れが認められたと報告した。

（２０１９年７月１８日　新潟新聞より）

【資料３】　「閉じこもり症候群」について　※　文中の言葉を簡単にしたり，省略したりしています。

　　閉じこもり症候群とは，生活の活動空間がほぼ家の中のみへと小さく，せまく変化することで活動性が低下し，その結果，※1廃用症候群を発生させ，さらに心身両面の活動力を失っていく結果，寝たきりに進行するという考え方である。老化にともない，さまざまな原因で外出する回数が少なくなり，生活空間が屋外・地域から自宅内へとせまくなっていく。屋外や地域で，やるべきことがないと，どうしても日中の生活空間は屋内になりやすい。また，家庭における役割（買い物など）がない，あるいは地域社会における役割がないと，外出の回数が低くなる。

　　また，閉じこもり高れい者はさまざまな支援や介護を必要とする状態になっている場合が多い。例えば，社会活動が不活発であることが認知症を発症する可能性を上げると考えられている。また，閉じこもり状態が長くなることで，人との交流が減り，会話も少なくなり，気分的にも落ち込んだ状態になっていくと考えられる。

（介護予防マニュアル　平成２４年改訂版　厚生労働省より）

※１　廃用症候群…病気やけがで長期にわたって安静にしたことで体を動かすことが減り，その結果として心身のはたらきが低下した状態のこと。

2019. 9. 15　　　　　　　　　　　　「元気なかよしプロジェクト」
グループＡ

地域のお年寄りを元気にしたい！！

お年寄りの声

やりたいこと

若者に地域の伝統を伝え
たい

若者や子どものために何
かしたい

困っていること

買い物が大変
（荷物が重い）

家事ができない
（こしが痛い）

バスの本数が少ない

不安なこと

防犯が心配

地震や火事がこわい

車の運転が不安

楽しいこと

趣味の園芸をすること

孫と遊んだり，話したりす
ること

体を動かすこと

町の施設への意見

施設の段差を少なくして
ほしい

機械の操作を分かりやす

くしてほしい

アンケート結果

Q　生活に不安や困ったことはありますか

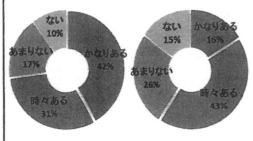

（一人暮らし）
ない 10%
あまりない 17%
かなりある 42%
時々ある 31%

（家族と同居）
ない 15%
かなりある 16%
あまりない 26%
時々ある 43%

Q　自分が元気だと実感するのはどんな
　　ときですか

（一人暮らし）
あまりない 36%
人と話している とき 28%
食事をしている とき 10%
そのほか 14%
運動をしている とき 12%

（家族と同居）
あまりない 8%
そのほか 12%
人と話している とき 36%
運動をして いるとき 25%
食事をしている とき 19%

↓

班の提案をまとめよう

問2　カードを分類して話合いを進めたものの，下のように意見が分かれたため，次回の授業で自分の意見を班のメンバーにそれぞれ提案することになりました。あなたは「小学校で交流会を行う」という提案をします。班員を納得させるために，あなたならどのように提案しますか。以下の条件にしたがって答えなさい。

条件１　３２０字以上４００字以内で書くこと。
条件２　ひろし，かなえ，ただし，まさおの意見をふまえること。
条件３　意見カード①から⑨，資料１から４で参考にしたものの番号を「○」でかこむこと。（いくつでもかまいません。）

ひろし，かなえ，ただし，まさおの意見

ひろし

お年寄りと交流を深めるのはいい提案だと思うよ。ただ，アンケートにも「こしが痛い」っていうお年寄りの意見があったから，学校に来てもらうのは大変じゃないかな。こっちからお宅を訪問して，お話をしたり遊んだりするのがいいかもね。

私のおばあちゃんは「大勢の人に会うと疲れる」ってよく言っているよ。交流会や訪問をするとなるとたくさんの人と会うことになるから，それがお年寄りの方の負担にならないか心配かもね。おばあちゃんも最近は家で，一人で静かにのんびり過ごしていることが多いかな。それよりも，お年寄りが困っていることのお手伝いをするほうがいいと思うんだけど。私たちでも役に立てることがあるならうれしいよね。

かなえ

一見難しそうなものも，企業の方や市役所の方とか他の人に協力してもらったら可能性が大きくなるんじゃないかな。大事なことは「お年寄りを元気にしたい」という目的だと思うんだ。そうすると，お年寄りがしてほしいことと，僕たちがすべきことは必ずしも同じにならなければいけないというわけではないんだよね。アンケートや様々な資料をもう一回見直して，本当に大切なことは何か考えてみる必要があるよ。

ただし

僕はイラストや文字を書くのが得意だから，みんなが自分の特技を生かして取り組んでみたらいいと思ったんだ。ただ，資料を読んだり民生委員さんの話を思い出したりしたら，ひろしさんと同じで交流をする案がいいかもって思った。うちのおじいちゃんも最近は病気がちであまり元気じゃないんだけど，僕がお見舞いに行ってお話をしたり，いっしょにテレビを見たりしていると「まさおがいると元気が出て，病気が治ったみたいだ」っていってくれるんだよ。

まさお

② 越後小学校の６年生は，毎年，越後警察署より「１日警察官」に任命され，グループごとに地域の交通安全への意識を高める活動を行っています。

今年は※１高れい者ドライバーの自動車事故防止について，地域の老人クラブの集会で呼びかけてもらえないか，という依頼を警察署から受けました。

あなたのグループは「※２運転免許証の自主返納の推進」を担当することになり，あなたは他の実行委員のＡさん，Ｂさん，Ｃさんとともに，老人クラブの会長さん，越後警察署の方と当日の活動内容の打ち合わせをしています。そのときに用意された資料は７ページ以降の【資料１】から【資料１０】です。

以下の話合いや資料を読み，あとの問いに答えなさい。

> ※１　高れい者　６５歳以上の人
> ※２「運転免許証の自主返納」とは
> 　　運転免許が不要になった方や，年をとることで身体の機能が低下するなど運転に不安を感じるようになった高れいドライバーの方が，自分から運転免許証を返すことができる制度。

Ａさん：	去年までは子どもの飛び出し事故防止運動とか防災マップ作りがテーマだったよね。高れい者ドライバーの事故ってそんなに問題になっているんですか？
警察官：	資料にあるように高れい者ドライバーの事故は大きな問題となっています。越後警察署管内の高れい者ドライバーによる事故が，今年度はすでに昨年度より８件ほど増えているんですよね。
会　長：	老人クラブの会員の中にも，運転操作を誤って車を壁にぶつけてしまったという方が何人かいますよ。
警察官：	運転免許証の自主返納制度はあるのですが，実際に自主返納をする高れい者の方は１０％にも満たない状況なのです。事故を起こす前に返納してくれる人が増えるといいのですが。
Ａさん：	そうなんだ。先月も校門の近くの交差点で高れい者による事故があったよね。でも，何で返納する人が増えないんだろう？
Ｂさん：	うちのおじいちゃんも返納していないんだけど，自分はまだ大丈夫っていっているよ。それに，車がないと生活が不便でしょうがないっていっている。家からは一番近いスーパーまで１ｋｍ以上あって歩くと２０分以上かかるらしいし，週に何回か通っている病院も車で１０分以上かかるっていってるよ。
Ｃさん：	だけど，返納することで不便さを解消するためのバス券やタクシー利用代金なんかを援助する制度もあるでしょう。そのことを伝えればどうかな？
会　長：	たしかに，返納するとどんなサービスが受けられるか，よく知らないお年寄りも多いみたいだね。
Ａさん：	でも，自分で運転する方が便利は便利だよね。それよりも，車をもっているだけでガソリン代や税金などの維持費用が結構かかると思うんだけど，その点はどうかな？

Ｂさん：　ホントだね。資料を見ると結構，維持費やガソリン代がかかるね。車を持つことでかかる経費と，持たないことで受けられるサービスのメリットを比較するような説明もいいかもしれないね。

Ｃさん：　便利さや経費の問題もいいけれど，それより私はお年寄りの事故が多いということが一番の問題だと思うな。だって命にかかわる問題でしょ。まず，そのことを考えてもらえるようにしたいと思うな。

Ｂさん：　それはそうだけど，うちのおじいちゃんみたいに自分は大丈夫だと思っているご高れいの方も多いし，だから返納が進まないんだと思うよ。

Ａさん：　そうだね。お年寄りにとっては，免許を返すっていうことは自分が年をとっていて車の運転も危ない，できないってことを認めることになるからね。プライドみたいなものがあるのかな。

Ｃさん：　なかなか難しいね。老人クラブのみなさんに嫌な気持ちにさせないように，できれば楽しんでもらいながら考えてもらえるような工夫はないかしら。

Ｂさん：　クイズのように，ゲーム感覚でやるのもいいね。

Ａさん：　紙芝居とか，劇という方法もいいかもしれないね。

Ｃさん：　事故の多さや悲惨さだけでなく，返納の特典や自動車のない生活のよさなんかもアピールできるといいかもね。

問1　「自動車免許の自主返納」が進まない理由について，この話合いの中ではどんなことがあげられていますか。箇条書きで3つ書きなさい。

問2　あなたは，この話合いを受けて，どのような意見を発表しますか。次の点を踏まえて実際に話して提案するように書きなさい。

① 字数は300字以上350字以内とすること。
② 老人クラブでの伝達方法と内容を明確にした提案をすること。
③ あなたが参考にした資料を明示し，必要に応じて引用して書くこと。
　　（参考にする資料は最大3つまで）
④ 参考にした仲間の意見があれば，それがわかるようにして書くこと。

【資料１】　地域の高れい者へのアンケート結果

【車を運転している高れい者の結果】

①運転免許証の自主返納制度を知って
　いるか

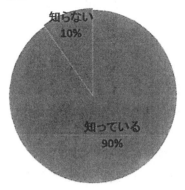

②車を運転する主な目的は

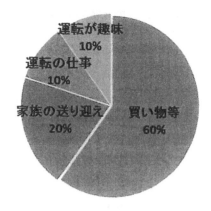

③自主返納をなぜしないのか

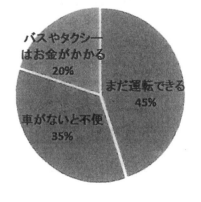

④自主返納をすると，どんなサービスを
　受けられるかを知っているか

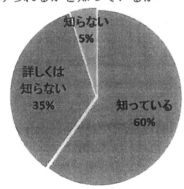

【免許証の自主返納をした高れい者の結果】　　回答数　昨年度返納者１２名

①自主返納を決めた理由は

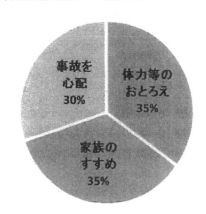

②自主返納をしての感想

・事故を起こさない安心があり，気持ちが軽くなって元気が出た。

・今まで気づかなかった景色を眺めながら，ゆっくりと時間を過ごすことに幸せを感じる。

・車の維持費がけっこう大きかったことに気づき，今は有効に使っている。

・タクシー，バスを割引利用できてありがたい。

・返納して不便となったこともある。ただし，事故を起こしてからではおそいので，後悔していない。

2020(R2) 高志中等教育学校

K 教英出版

高齢ドライバー（70歳以上）による交通事故が社会問題化しています

🌸 加齢による「運転リスク」とは？

視野障害や身体機能低下、筋肉の衰えなどにより、運転時の操作ミスが起こりやすくなります。

ハンドルやブレーキなど不適切な操作による交通事故の割合は、75歳以上の高齢者は一般ドライバーの約2倍！（2015年）

視野障害の進行例

信号や標識が見えなくなっています

【視野について】　特に運転には目からの情報が重要です。安全運転のためには「良好な視力」だけでなく「十分な視野（見えている範囲）」が必要です。加齢とともに「視野」が狭くなったり部分的に見えなくなる病気になる人が増加しますが、自覚症状がほとんどなく、視力が良くても視野が狭くなっていることがあります。

🌸 「こんな症状」が出た時が要注意！

☐ 右左折のウインカーを間違って出したり忘れたりする

☐ カーブをスムーズに曲がれないことがある

☐ 歩行者、障害物、他の車に注意がいかないことがある

☐ 車庫入れの時、塀や壁をこinformation増えた

> そろそろ自主返納を
> 考えてみようかな…？

🌸 「若い頃とちょっと違うな」「おかしいな」と感じたら、自主返納の時期です。

運転免許証の「自主返納制度」とは？

運転免許が不要になった方、運転に不安を感じるようになった高齢ドライバーの方が、自主的に運転免許証の全部または一部を返納することができる制度です。

自主返納の後は「運転経歴証明書」の交付が受けられます

運転経歴証明書は、運転免許を返納した日からさかのぼって5年間の運転に関する経歴を証明するもので、これまで安全運転に努めてきた証明や記念の品となるものです。

平成24年4月1日以降に交付された運転経歴証明書は、運転免許証に代わる公的な本人確認書類として、永年、利用することができます。

運転経歴証明書を所持していると、「さまざまな特典」が受けられます

自主返納後の移動手段や生活が不安という高齢ドライバーとそのご家族が、マイカーに依存することなく充実した生活を続けられるよう、自治体や事業者等による地域の実情に応じた支援の輪が広がっています。

| タクシー、バスの運賃割引 | 商品券の贈呈 | 百貨店の宅配料金の割引 | 美術館、飲食店の料金割引 |

※自治体により異なります。

自主返納手続き窓口のご案内

各都道府県の警察署、運転免許センター、試験場へお問い合わせください。

http://www.npa.go.jp/link/prefectural.html

【資料３】　高れい者に係る交通事故防止

内閣府HP https://www8.cao.go.jp/koutu/taisaku/h29kou_haku/gaiyo/features/feature01.html

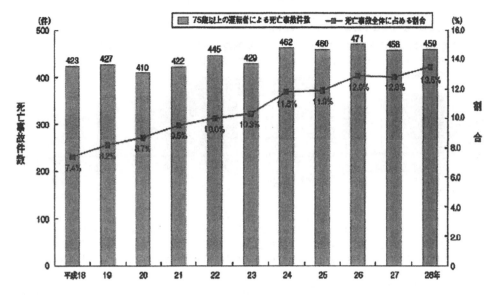

▶特集-第11図　75歳以上の運転者による死亡事故件数及び割合（原付以上第1当事者）（平成18～28年）

注　警察庁資料による。

【資料４】　高れい者に係る交通事故防止

内閣府HP https://www8.cao.go.jp/koutu/taisaku/h29kou_haku/gaiyo/features/feature01.html

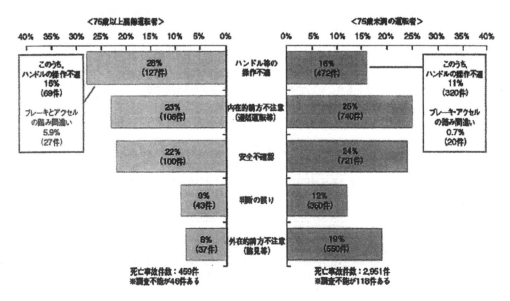

▶特集-第13図　原付以上第1当事者の死亡事故における人的要因比較（平成28年）

注　警察庁資料による。

2020(R2) 高志中等教育学校

【資料５】　運転免許証の自主返納を推進する自治体の取組例

①A県
日常的に自家用車を運転する７５歳以上の高れい運転者を対象に，一定期間ドライブレコーダーを運転車両に取り付け，記録映像をもとに，警察官が高れい運転者自身に運転上の問題点等を自覚させている。

②B県
「運転時認知障害早期発見チェックリスト３０」を作成し，自治会や高れい者の交通安全教室で自己チェックをしてもらう。５つ以上あてはまった人には継続的に注意を促している。

③C県
各市町村や団体で自主的に運転免許証を返納された方に，生活をサポートするサービスを行っている。

　　N県A市の場合
　　・市営バス利用料免除(2年間)　・市内タクシー利用券 5千円分
　　N県N市の場合
　　・バス回数券　　1万円　　・タクシー券　　1万円

【資料６】　県内スーパーのサービス例　https://niigata-guide.com/939/

> 著作権に関係する弊社の都合により
> 省略いたします。
> 　　　　　　　　　　教英出版編集部

【資料７】　「親の運転が怖い…」免許返納を説得する前に知りたい老親の心理とは

（一部抜粋）なかまある HP https://nakamaaru.asahi.com/article/12282521

> 著作権に関係する弊社の都合により
> 省略いたします。
> 　　　　　　　　　　教英出版編集部

【資料８】 　**高れい者の免許返納**（一部抜粋）産経ニュース 2019.06.03
　　　　https://www.sankei.com/west/news/190603/wst1906030013-n1.html　　※無断転載・複写不可

> 　高れい者自身が納得した上で返納することが重要となる。
> 　高れい者の車の運転に対するスタンスはさまざまで，単なる移動手段としてではなく，運転そのものを楽しみに感じていたり，苦労して手にした免許や車そのものに特別な思い入れを抱いていたりするケースもある。重要なのは，返納後の生活に対して「ポジティブな提案」をすること。

【資料９】 　**自動車の年間維持費はどれぐらい？**　　JA 共済 HP
　　　　http://nedan.ja-kyosai.or.jp/column/20180216_other_no19.html

> 著作権に関係する弊社の都合により
> 省略いたします。
> 　　　　　　　教英出版編集部

【資料10】 　**新潟県のタクシーおよその運賃**　タクシーサイトＨＰより作成

中型	1km	2km	3km	5km	10km
	640円	880円	1,200円	1,840円	3,440円
小型	1km	2km	3km	5km	10km
	630円	870円	1,190円	1,750円	3,190円

適 性 検 査 ２

検査時間　１０：２０〜１１：０５
（４５分間）

［ 注　意 ］

1　「始めなさい。」と言われてから，開いてください。

2　「始めなさい。」と言われたら，「記入用紙」の「受検番号」欄に，受検番号を書いてから，始めてください。

3　となりの人と話したり，用具の貸し借りをしたりしないでください。

4　ひとりごとを言ったり，わき見をしたりしないでください。

5　見にくいところがあったり，ページがとんでいたりしたら，だまって手をあげてください。

6　鉛筆や消しゴムを落としたときは，だまって手をあげてください。

7　「やめなさい。」と言われたら，筆記用具を置き，指示にしたがってください。

【適性検査2】　あなたの考えは,「記入用紙」に書きましょう。

1　先生と小学生の良子さんとの会話です。

良　子：　　今年の3月15日に新聞に円周率に関わる次のような記事がありました。
「3月14日,アメリカのグーグル社は,日本出身の女性技術者エマ・ハルカ・
イワオさんが中心となり,円周率を31兆4000億桁（けた）まで計算し,世界記録
を達成したと発表した。」
また,円周率について,興味深い記事を見つけました。次のような記事です。

> 円周率は,社会の様々な場面で利用されています。
> 円周率は限りなく続く数ですが,社会では,円周率をおおよそいくつとして
> 使っているか調べてみました。
> 　指輪の制作工房（こうぼう）・・・3.14
> 　陸上競技場　　・・・3.1416
> 　タイヤ製造会社・・・各社企業秘密（ひみつ）
> 　惑星探査機（わくせいたんさき）「はやぶさ」にプログラムされた数値・・・
> 　　　　　　　　　　　　　　　　3.141592653589793（ア）

どんなものも完全な円に近いに,こしたことはないけど,つくるのが大変だっ
たりするから円周率はおおよそいくつで計算しているんですね。
でも,「スピード」や「安全性」などの観点から,使い道や目的によって,円周
率の桁をきめているんですね。

先　生：　円周率について,とってもよく調べたね。
そもそも,円周率って何なの？そして,円周率が3より大きく4より小さいこ
とを下の模様（もよう）を使って説明してみよう。
さらに,円周率が3.14に近い数値だということを示すには,どのような模
様を描けばいいかな。（イ）

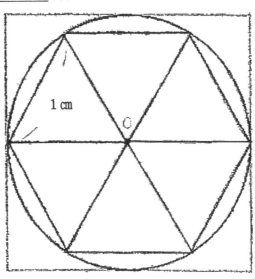

1㎝

良 子：	（イ）に対する解答

良　子：　円について最近，話題になっているものにマンホールがあるね。

　　　　　なにげなく見ているマンホールのふた。マンホールのふたの形は，通りの多い道路ではほとんどが円だよ。正方形や長方形のふたもあることはあるが，それは，あまり通りの多くない場所で使われているよ。

　　　　　では，交通量が多い場所では，なぜ，円形のふたが多いのだろう。それは，ふたの落下防止と関係があるんだよ。（ウ）

良　子：　円のほかに穴に落ちにくい形はないのかな。

先　生：　あるよ。「ルーローの三角形」というんだよ。

　　　　　正三角形の頂点（ちょうてん）を中心にして，一辺が半径となる円をコンパスで３つ描くとできるよ。（エ）

良　子：　早速，描いてみます。

（1）下線部（ア）について，もし，惑星探査機「はやぶさ」にプログラムされた数値が３．１４であったなら，どのような不都合があるか５５字以上６５字以内で説明しなさい。

（2）下線部（イ）のように，先生に問われました。次の①～③について，答えなさい。
　①　円周率とは何か説明しなさい。
　②　模様の中の三角形の１辺の長さを測ったら１㎝でした。点Ｏは円の中心です。先生の示した模様を利用して，円周率が３より大きく４より小さいことを説明しなさい。
　③　円周率が３．１４に近い数値だということを示すにはどのような模様を描けばいいでしょうか。５０字以上６０字以内で説明しなさい。

（3）下線部（ウ）について，マンホールのふたが円形だと，どうしてふたの落下防止になるのか，正方形の場合と比較（ひかく）して，７０字以上８０字以内で説明しなさい。

（4）下線部（エ）の説明にしたがって，「ルーローの三角形」を実際に描き，さらに「ルーローの三角形」が，どうして，穴に落ちにくいのかを６５字以上８０字以内で説明しなさい。

2 問題文をよく読み，次の（1）～（3）に答えましょう。

　野菜や果物には，水にうくものとしずむものがあります。実際にいくつかの野菜や果物を使って実験してみました。下の写真は，その実験の様子を写真にとったものです。

実験の結果は次のようになりました。

水にういたもの	水にしずんだもの
なす，きゅうり，レモン キャベツ，バナナ，ピーマン	じゃがいも，サツマイモ にんじん

（1）この結果から，どのような野菜や果物が水にうき，どのような野菜や果物が水にしずむと考えられますか。野菜や果物が育っている様子を思いうかべて，あなたの考えを書きなさい。

360

400

2 問1

問2

60

120

180

240

300

350

2 (1)

(2)

考えられること（予想）	予想が正しいかどうかを調べる方法

(3)

30
60
90
120
150
180

【適性検査２】　記入用紙

受検番号

1　（1）

| | | | | | | | | | | | | | | | | | | | | | | | | | | | | | | 30 |
| | | | | | | | | | | | | | | | | | | | | | | | | | | | | | | 60 |

65

（2）

①

②

③

| | | | | | | | | | | | | | | | | | | | | | | | | | | | | | | 30 |
| | | | | | | | | | | | | | | | | | | | | | | | | | | | | | | 60 |

（3）

| | | | | | | | | | | | | | | | | | | | | | | | | | | | | | | 30 |
| | | | | | | | | | | | | | | | | | | | | | | | | | | | | | | 60 |

80

（4）

実際に描いた図

20

40

【適性検査1】　記入用紙

1 問1

分類　　　　　　　　　　　　　　　　　考え方　　　　　　　　　　　　　　　（配点非公表）

タイトル	カード番号

（考え方の原稿用紙：40・80・120・160・200字）

問2　参考にしたもの【意見カード：　①　②　③　④　⑤　⑥　⑦　⑧　⑨　　資料：　1　2　3　4　】

（原稿用紙：60・120・180・240字）

（２）野菜や果物がうくかしずむかは，それが育っている様子によって決まりますが，そうではない例もあります。それはトマトです。普通のトマトはういていますが，熟すとしずむようになります。

　トマトは，なぜ熟すとしずむようになると思いますか。考えられること（予想）を３つまで書きなさい。そして，その考えられること（予想）が正しいかどうかを調べる方法も書きなさい。

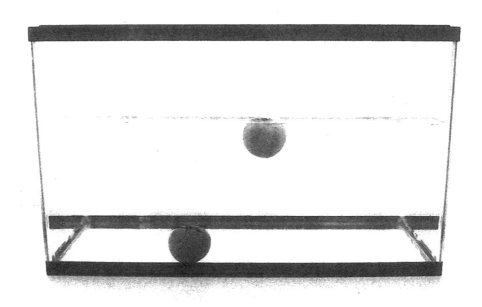

（３）米の種をまくときに，まく種を選び出す「塩水選」という方法があります。「塩水選」は水ではなく，適切な量の塩を入れた食塩水を使って籾のうきしずみを調べます。そして，しずんだ籾を選び，それを米の種としてまきます。この方法は，明治時代からあり，「塩水選」を使うようになってから，米の収穫量が１割ほど増えたといいます。

　「塩水選」では，なぜ水ではなく，適切な量の塩を入れた食塩水を使うのでしょうか。あなたの考えを１５０字以上１８０字以下で書きなさい。